Антон Чехов

Чайка

Arbeiten und Texte zur Slavistik, Band 103
Begründet von Wolfgang Kasack
Herausgegeben von Alfred Gall, Frank Göbler und Rainer Goldt

Антон Чехов

Чайка

Herausgegeben von Wolfgang Schriek

Frank & Timme
Verlag für wissenschaftliche Literatur

ISBN 978-3-7329-0561-4
ISBN E-Book 978-3-7329-9436-6
ISSN 0173-2307

Herstellung durch Frank & Timme GmbH,
Wittelsbacherstraße 27a, 10707 Berlin.
Printed in Germany.
Gedruckt auf säurefreiem, alterungsbeständigem Papier.

www.frank-timme.de

Inhalt

Чайка

Комедия в четырёх действиях

ДЕЙСТВУЮЩИЕ ЛИЦА

Ири́на Никола́евна Арка́дина, по мужу Треплева, актриса.
Константи́н Гаври́лович Треплёв, ее сын, молодой человек.
Пё́тр Никола́евич Со́рин, ее брат.
Ни́на Миха́йловна Заре́чная, молодая девочка, дочь богатого помещика.
Илья́ Афана́сьевич Шамра́ев, поручик в отставке, управляющий у Сорина.
Поли́на Андре́евна, его жена.
Ма́ша, его дочь.
Бори́с Алексе́евич Триго́рин, беллетрист.
Евге́ний Серге́евич Дорн, врач.
Семё́н Семё́нович Медве́денко, учитель.
Я́ков, работник.
Повар.
Горничная.

Действие происходит в усадьбе Сорина. – Между третьим и четвертым действием проходит два года.

де́йствующее лицо́: handelnde Person (де́йствовать, -твую, -твуешь; uv.: handeln, wirken). Abweichend vom Originaltext und als Hilfestellung für die korrekte Betonung werden die Eigennamen im Personenverzeichnis mit einem Akzent versehen.
по му́жу: verheiratete, verehelichte.
поме́щик: Gutsbesitzer.
пору́чик в отста́вке: Leutnant im Ruhestand (отста́вка: Rücktritt, Abschied).
управля́ющий: Gutsverwalter.
беллетри́ст: Schriftsteller.
го́рничная: Zimmermädchen.
уса́дьба: Gut, Landgut.

Действие первое

Часть парка в имении Сорина. Широкая аллея, ведущая по направлению от зрителей в глубину парка к озеру, загорожена эстрадой, наскоро сколоченной для домашнего спектакля, так что озера совсем не видно. Налево и направо у эстрады кустарник. Несколько стульев, столик.

Только что зашло солнце. На эстраде за опущенным занавесом Яков и другие работники; слышатся кашель и стук. Маша и Медведенко идут слева, возвращаясь с прогулки.

Медведенко. Отчего вы всегда ходите в черном?

Маша. Это траур по моей жизни. Я несчастна.

Медведенко. Отчего? *(В раздумье.)* Не понимаю... Вы здоровы, отец у вас хотя и небогатый, но с достатком. Мне живется гораздо тяжелее, чем вам. Я получаю всего 23 рубля в месяц, да еще вычитают с меня в эмеритуру, а все же я не ношу траура. *(Садятся.)*

Маша. Дело не в деньгах. И бедняк может быть счастлив.

Медведенко. Это в теории, а на практике выходит так: я, да мать, да две сестры и братишка, а жалованья всего 23 рубля. Ведь есть и пить надо? Чаю и сахару надо? Табаку надо? Вот тут и вертись.

Маша *(оглядываясь на эстраду)*. Скоро начнется спектакль.

Медведенко. Да. Играть будет Заречная, а пьеса сочинения Константина Гавриловича. Они влюблены друг в друга, и сегодня

име́ние: Landgut.
загороди́ть (-рожу́, о́дишь; v.): umzäunen, versperren.
эстра́да: (Kleinkunst-)Bühne.
на́скоро: hastig, in aller Eile.
сколоти́ть (-очу́, -о́тишь; v.): zusammenzimmern.
куста́рник: Busch, Gebüsch, Gesträuch.
опу́щенный за́навес: herabgelassener Vorhang (опусти́ть: опущу́, опу́стишь; v.: senken, herunterlassen).
стук: Hämmern.
с доста́тком: mit gutem Auskommen (доста́ток: Wohlstand).
вычита́ть (uv.): abziehen, einbehalten.
эмериту́ра: Pension, Rente, Altersversicherung.
жа́лованье: Gehalt, Lohn.
Вот тут и верти́сь (umg.): hier: Da muss man sich nach der Decke strecken! – Wie soll man da auskommen! (верте́ться, v.: sich drehen).

их души сольются в стремлении дать один и тот же художественный образ. А у моей души и у вашей нет общих точек соприкосновения. Я люблю вас, не могу от тоски сидеть дома, каждый день хожу пешком шесть верст сюда да шесть обратно и встречаю один лишь индифферентизм с вашей стороны. Это понятно. Я без средств, семья у меня большая... Какая охота идти за человека, которому самому есть нечего?

Маша. Пустяки. *(Нюхает табак.)* Ваша любовь трогает меня, но я не могу отвечать взаимностью, вот и все. *(Протягивает ему табакерку.)* Одолжайтесь.

Медведенко. Не хочется.

Пауза.

Маша. Душно, должно быть, ночью будет гроза. Вы всё философствуете или говорите о деньгах. По-вашему, нет бо́льшего несчастья, как бедность, а по-моему, в тысячу раз легче ходить в лохмотьях и побираться, чем... Впрочем, вам не понять этого...

Входят справа Сорин и Треплев.

Сорин *(опираясь на трость)*. Мне, брат, в деревне как-то не того, и, понятная вещь, никогда я тут не привыкну. Вчера лег в десять и сегодня утром проснулся в девять с таким чувством, как будто от долгого спанья у меня мозг прилип к черепу и все такое.

слиться (солью́сь, сольёшься, uv.): verschmelzen, sich vereinigen.
то́чка соприкоснове́ния: Berührungspunkt.
верста́: Werst, altes russisches Längenmaß von 1,06 km.
идти́ [за́муж] за челове́ка: einen Mann heiraten.
пустяки́: Unsinn.
ню́хать (uv.) **таба́к:** Tabak schnupfen.
взаи́мность (f.): Gegenseitigkeit, Gegenliebe.
табаке́рка: Tabakdose.
одолжа́ться (uv.): etwas entgegennehmen; sich bedienen.
ходи́ть в лохмо́тьях: in Lumpen gehen (лохмо́тья, -ьев, Pl.).
побира́ться (uv., umg.): sich mit Betteln durchschlagen.
опира́ться на + Akk. (uv.): ruhen, stützen auf.
трость (f.): Spazierstock.
мне ... как-то не того́: ... ist nichts für mich.
поня́тная вещь: ist doch klar/selbstverständlich. Eine von Sorin regelmäßig wiederholte Phrase.
мозг: Gehirn.
прили́пнуть (v.) **к** + Dat.: festkleben.
че́реп: Schädel.

(Смеется.) А после обеда нечаянно опять уснул, и теперь я весь разбит, испытываю кошмар, в конце концов...

Треплев. Правда, тебе нужно жить в городе. *(Увидев Машу и Медведенка.)* Господа, когда начнется, вас позовут, а теперь нельзя здесь. Уходите, пожалуйста.

Сорин *(Маше)*. Марья Ильинична, будьте так добры, попросите вашего папашу, чтобы он распорядился отвязать собаку, а то она воет. Сестра опять всю ночь не спала.

Маша. Говорите с моим отцом сами, а я не стану. Увольте, пожалуйста. *(Медведенку.)* Пойдемте!

Медведенко *(Треплеву)*. Так вы перед началом пришлите сказать. *(Оба уходят.)*

Сорин. Значит, опять всю ночь будет выть собака. Вот история, никогда в деревне я не жил, как хотел. Бывало, возьмешь отпуск на 28 дней и приедешь сюда, чтобы отдохнуть и все, но тут тебя так доймут всяким вздором, что уж с первого дня хочется вон. *(Смеется.)* Всегда я уезжал отсюда с удовольствием... Ну, а теперь я в отставке, деваться некуда, в конце концов. Хочешь – не хочешь, живи...

Яков *(Треплеву)*. Мы, Константин Гаврилыч, купаться пойдем.

Треплев. Хорошо, только через десять минут будьте на местах. *(Смотрит на часы.)* Скоро начнется.

Яков. Слушаю. *(Уходит.)*

Треплев *(окидывая взглядом эстраду)*. Вот тебе и театр. Занавес, потом первая кулиса, потом вторая и дальше пустое про-

---

нечáянно (Adv.): ungewollt, unverhofft.
кошмáр: Albtraum.
тепéрь нельзя́ здесь: hier dürfen Sie jetzt nicht bleiben.
распоряди́ться (-яжýсь,, -яди́шься, v.): anordnen, veranlassen.
отвязáть (отвяжý, -я́жешь, v.): losbinden, von der Kette lassen.
выть (вóю, -ешь, uv.): heulen.
увóлить (-лю, -лишь, hier: uv.): verschonen.
пришли́те сказáть: sagen Sie uns Bescheid (прислáть, -шлю́, -лёшь; uv.: schikken).
и всё: oder so. Eine von Sorin regelmäßig wiederholte Phrase.
доня́ть (доймý, доймёшь; v.): belästigen.
вздор: Unsinn.
вон (umg. adv.): fort, weg.
девáться нéкуда (uv., umg.): da ist nichts zu machen.
слýшаю: in Ordnung; jawohl.
оки́дывать (uv.) взгля́дом: betrachten, mustern.

странство. Декораций никаких. Открывается вид прямо на озеро и на горизонт. Поднимем занавес ровно в половине девятого, когда взойдет луна.

С о р и н. Великолепно.

Т р е п л е в. Если Заречная опоздает, то, конечно, пропадет весь эффект. Пора бы уж ей быть. Отец и мачеха стерегут ее, и вырваться ей из дому так же трудно, как из тюрьмы. *(Поправляет дяде галстук.)* Голова и борода у тебя взлохмачены. Надо бы постричься, что ли...

С о р и н *(расчесывая бороду)*. Трагедия моей жизни. У меня и в молодости была такая наружность, будто я запоем пил и все. Меня никогда не любили женщины. *(Садясь.)* Отчего сестра не в духе?

Т р е п л е в. Отчего? Скучает. *(Садясь рядом.)* Ревнует. Она уже и против меня, и против спектакля, и против моей пьесы, потому что ее беллетристу может понравиться Заречная. Она не знает моей пьесы, но уже ненавидит ее.

С о р и н *(смеется)*. Выдумаешь, право...

Т р е п л е в. Ей уже досадно, что вот на этой маленькой сцене будет иметь успех Заречная, а не она. *(Посмотрев на часы.)* Психологический курьез – моя мать. Бесспорно талантлива, умна, способна рыдать над книжкой, отхватит тебе всего Некрасова

вот тебе́ и теа́тр (umg): das nenne ich Theater.
пропа́сть (пропадёт, пропаду́т; v.): verschwinden, vergehen.
пора́ бы уж ей быть (umg.): Sie müsste schon längst hier sein.
ма́чеха: Stiefmutter.
стере́чь (стерегу́, -ежёшь, uv.): bewachen, aufpassen, behüten.
поправля́ть (uv.): zurechtrücken.
взлохма́тить (взлохма́чу, -а́тишь; v.) zerzausen.
постри́чься (постригу́сь, -ижёшься; v.): sich die Haare schneiden lassen.
расчёсывать (uv.): sich kämmen.
нару́жность (f.): Äußeres.
бу́дто я запо́ем пил (umg.): als wenn ich mich dem Suff hingegeben hätte (запо́й: Trunksucht).
не в ду́хе: gereizt, schlecht gelaunt.
ревнова́ть + Dat. (ревну́ю, ревну́ешь, uv.): eifersüchtig sein (auf).
вы́думать (uv.): ausdenken, einbilden.
ей ... доса́дно: sie ärgert sich.
курьёз: Kuriosum.
бесспо́рно: unbestreitbar.
рыда́ть (uv.): schluchzen.

наизусть, за больными ухаживает, как ангел; но попробуй похвалить при ней Дузе! Ого-го! Нужно хвалить только ее одну, нужно писать о ней, кричать, восторгаться ее необыкновенною игрой в «La dame aux camélias» или в «Чад жизни», но так как здесь, в деревне, нет этого дурмана, то вот она скучает и злится, и все мы – ее враги, все мы виноваты. Затем, она суеверна, боится трех свечей, тринадцатого числа. Она скупа. У нее в Одессе в банке семьдесят тысяч – это я знаю наверное. А попроси у нее взаймы, она станет плакать.

Сорин. Ты вообразил, что твоя пьеса не нравится матери, и уже волнуешься и все. Успокойся, мать тебя обожает.

Треплев *(обрывая у цветка лепестки)*. Любит – не любит, любит – не любит, любит – не любит. *(Смеется.)* Видишь, моя мать меня не любит. Еще бы! Ей хочется жить, любить, носить светлые кофточки, а мне уже двадцать пять лет, и я постоянно напоминаю ей, что она уже не молода. Когда меня нет, ей только

отхвати́ть (-ачу́, -а́тишь; v., umg.): hier: hinlegen, hersagen.
Некра́сов: Nikolaj Alekseevič Nekrasov (1821–1878), populärer russischer, sozial engagierter Lyriker und Zeitschriftenredakteur.
уха́живать (uv.): pflegen
похвали́ть (v.): loben.
Ду́зе: Eleonora Duse (1858–1924), berühmte italienische Theaterschauspielerin, die in den 1890er Jahren in Russland gastierte. Ihre Schauspielkunst galt als wegweisend für das Theater der Moderne. Čechov war von der Diva begeistert: »*Welch' eine wunderbare Schauspielerin! Ich habe noch nie zuvor etwas Gleichartiges gesehen.*«
крича́ть (uv.): rufen, schreien; hier: bravo rufen.
«La dame aux camélias»: *Die Kameliendame* (1848), Roman des französischen Schriftstellers Alexandre Dumas fils (1824–1895). Die dramatisierte Fassung von 1852 wurde 1867 in St. Petersburg und 1877 in Moskau aufgeführt; in den Hauptrollen spielten Sarah Bernhardt (1881, 1892, 1908) und Eleonora Duse (1892, 1908).
«Чад жи́зни»: *Rausch des Lebens*. Drama des reaktionären, skandalumwitterten Schriftstellers Boleslav M. Markevič (1822–1884), basierend auf seiner unvollendeten Romantrilogie *Bézdna* (Der Abgrund). Čechov machte sich über das Stück des »Moskauer Gecken« und »Salonmenschen« lustig.
дурма́н: Rauschmittel, Droge.
злиться (злюсь, зли́шься; uv.): sich ärgern, wütend sein.
суеве́рный: abergläubisch.
взаймы́ (adv.): leihweise.
обожа́ть (uv.): vergöttern.
обрыва́ть (uv.): abreißen, -zupfen.
лепесто́к (G.: -ка): Blütenblatt.
ещё бы!: Natürlich!; Warum auch!; Wie sollte sie auch!

тридцать два года, при мне же сорок три, и за это она меня ненавидит. Она знает также, что я не признаю театра. Она любит театр, ей кажется, что она служит человечеству, святому искусству, а по-моему, современный театр – это рутина, предрассудок. Когда поднимается занавес и при вечернем освещении, в комнате с тремя стенами, эти великие таланты, жрецы святого искусства изображают, как люди едят, пьют, любят, ходят, носят свои пиджаки; когда из пошлых картин и фраз стараются выудить мораль, – мораль маленькую, удобопонятную, полезную в домашнем обиходе; когда в тысяче вариаций мне подносят всё одно и то же, одно и то же, одно и то же, – то я бегу и бегу, как Мопассан бежал от Эйфелевой башни, которая давила ему мозг своею пошлостью.

Сорин. Без театра нельзя.

Треплев. Нужны новые формы. Новые формы нужны, а если их нет, то лучше ничего не нужно. *(Смотрит на часы.)* Я люблю мать, сильно люблю; но она курит, пьет, открыто живет с этим беллетристом, имя ее постоянно треплют в газетах – и это меня утомляет. Иногда же просто во мне говорит эгоизм обыкновенного смертного; бывает жаль, что у меня мать известная актриса, и, кажется, будь это обыкновенная женщина, то я был бы счастли-

---

призна́ть (uv.): anerkennen.
предрассу́док: Vorurteil.
освеще́ние: Beleuchtung.
жрец: Hohepriester.
по́шлый: abgeschmackt, trivial.
вы́удить (вы́ужу, вы́удишь; v.): herausangeln, -fischen, -locken.
удобопоня́тный: leicht verständlich.
дома́шний обихо́д: Hausgebrauch.
подноси́ть (-ношу́, -но́сишь; uv.): anbieten, vorsetzen.
Мопасса́н: Guy de Maupassant (1850–1893), französischer Schriftsteller, dessen pessimistischen, pathetisch-sarkastischen Werke Ende des 19. Jahrhunderts auch ins Russische übersetzt wurden.
Э́йфелева ба́шня: Eiffelturm. Das 1887–1889 errichtete, mehr als 300 Meter hohe nationale Symbol der Franzosen, das anlässlich der Pariser Weltausstellung 1889 eröffnet wurde, löste anfangs heftige Proteste in der Öffentlichkeit aus.
дави́ть (давлю́, да́вишь, uv.): (er)drücken.
трепа́ть (треплю́, тре́плешь; uv.): ziehen, zerren.
утомля́ть (uv.): ermüden, anstrengen.

вее. Дядя, что может быть отчаяннее и глупее положения: бывало, у нее сидят в гостях сплошь всё знаменитости, артисты и писатели, и между ними только один я – ничто, и меня терпят только потому, что я ее сын. Кто я? Что я? Вышел из третьего курса университета по обстоятельствам, как говорится, от редакции не зависящим, никаких талантов, денег ни гроша, а по паспорту я – киевский мещанин. Мой отец ведь киевский мещанин, хотя тоже был известным актером. Так вот, когда, бывало, в ее гостиной все эти артисты и писатели обращали на меня свое милостивое внимание, то мне казалось, что своими взглядами они измеряли мое ничтожество, – я угадывал их мысли и страдал от унижения...

Сорин. Кстати, скажи, пожалуйста, что за человек ее беллетрист? Не поймешь его. Всё молчит.

Треплев. Человек умный, простой, немножко, знаешь, меланхоличный. Очень порядочный. Сорок лет будет ему еще не скоро, но он уже знаменит и сыт, сыт по горло... Теперь он пьет одно только пиво и может любить только немолодых. Что касается его писаний, то... как тебе сказать? Мило, талантливо... но... после Толстого или Зола не захочешь читать Тригорина.

быва́ло: Partikel, der den Vergangenheitscharakter einer Handlung unterstreicht; etwa: es kam vor; früher.
сплошь (adv.): ununterbrochen, lauter.
по обстоя́тельствам: hier: aus Gründen (обстоя́тельство: Umstand).
зави́сящий: Part. Präs. Aktiv von: зави́сеть (uv.) от + Gen.: abhängig sein (von).
де́нег ни гро́ша: hier: ich habe keinen Pfennig.
мещани́н (Pl.: меща́не): Klein-, Spießbürger.
ми́лостивый: wohlwollend, geneigt.
измеря́ть (uv.): aus-, abmessen.
ничто́жество: Nichtigkeit, Bedeutungslosigkeit, Geringfügigkeit.
униже́ние: Erniedrigung, Demütigung, Geringschätzung, Nichtachtung.
всё (umg.): dauernd, immer, die ganze Zeit.
сыт по го́рло (umg.): vollkommen satt; bis zum Kragen satt (го́рло: Kehle; Hals).
Толсто́й: Lev Nikolaevič Tolstoj (1828–1910), neben Dostoevskij einer der berühmtesten russischen Schriftsteller; wurde weltweit bekannt u. a. mit seinen Romanen *Krieg und Frieden* (1863–69), *Anna Karenina* (1873–77), *Auferstehung* (1899). Tolstoj schätzte Čechovs Prosa, konnte aber mit dessen dramatischem Werk nichts anfangen.
Зола́ (auch: Эмиль Золя́): Emile Zola (1840–1902), französischer Romancier und Dramatiker des 19. Jahrhunderts, Leitbild des europäischen Naturalismus. Seine Werke waren in Russland äußerst beliebt; die erste »vollständige« (unvollständige) russische Ausgabe in 48 Bänden erschien 1902–1904.

Сорин. А я, брат, люблю литераторов. Когда-то я страстно хотел двух вещей: хотел жениться и хотел стать литератором, но не удалось ни то, ни другое. Да. И маленьким литератором приятно быть, в конце концов.

Треплев *(прислушивается)*. Я слышу шаги... *(Обнимает дядю.)* Я без нее жить не могу... Даже звук ее шагов прекрасен... Я счастлив безумно. *(Быстро идет навстречу Нине Заречной, которая входит.)* Волшебница, мечта моя...

Нина *(взволнованно)*. Я не опоздала... Конечно, я не опоздала...

Треплев *(целуя ее руки)*. Нет, нет, нет...

Нина. Весь день я беспокоилась, мне было так страшно! Я боялась, что отец не пустит меня... Но он сейчас уехал с мачехой. Красное небо, уже начинает восходить луна, и я гнала лошадь, гнала. *(Смеется.)* Но я рада. *(Крепко жмет руку Сорина.)*

Сорин *(смеется)*. Глазки, кажется, заплаканы... Ге-ге! Нехорошо!

Нина. Это так... Видите, как мне тяжело дышать. Через полчаса я уеду, надо спешить. Нельзя, нельзя, бога ради не удерживайте. Отец не знает, что я здесь.

Треплев. В самом деле, уже пора начинать. Надо идти звать всех.

Сорин. Я схожу и всё. Сию минуту. *(Идет вправо и поет.)* «Во Францию два гренадера...» *(Оглядывается.)* Раз так же вот я запел, а один товарищ прокурора и говорит мне: «А у вас, ваше превосходительство, голос сильный»... Потом подумал и прибавил: «Но... противный». *(Смеется и уходит.)*

волше́бница: Zauberin.
гнать (гоню́, го́нишь; uv.): jagen, hetzen.
жать (жму, жмёшь; uv.): drücken.
запла́канный: verweint.
уде́рживать (uv.): (auf)halten.
«Во Фра́нцию два гренаде́ра...»: »Nach Frankreich zogen zwei Grenadier' [/Die waren in Rußland gefangen./Und als sie kamen ins deutsche Quartier/Sie ließen die Köpfe hangen. …«]. Gedicht von Heinrich Heine (1822), vertont von Robert Schumann (Op. 49, Nr. 1).
проку́рор: Staatsanwalt.
превосходи́тельство: Euer Exzellenz.
проти́вный: widerlich, widerwärtig, grauenhaft, schrecklich.

Нина. Отец и его жена не пускают меня сюда. Говорят, что здесь богема... боятся, как бы я не пошла в актрисы... А меня тянет сюда к озеру, как чайку... Мое сердце полно вами. *(Оглядывается.)*

Треплев. Мы одни.

Нина. Кажется, кто-то там...

Треплев. Никого.

Поцелуй.

Нина. Это какое дерево?

Треплев. Вяз.

Нина. Отчего оно такое темное?

Треплев. Уже вечер, темнеют все предметы. Не уезжайте рано, умоляю вас.

Нина. Нельзя.

Треплев. А если я поеду к вам, Нина? Я всю ночь буду стоять в саду и смотреть на ваше окно.

Нина. Нельзя, вас заметит сторож. Трезор еще не привык к вам и будет лаять.

Треплев. Я люблю вас.

Нина. Тсс...

Треплев *(услышав шаги)*. Кто там? Вы, Яков?

Яков *(за эстрадой)*. Точно так.

Треплев. Становитесь по местам. Пора. Луна восходит?

Яков. Точно так.

Треплев. Спирт есть? Сера есть? Когда покажутся красные глаза, нужно, чтобы пахло серой. *(Нине.)* Идите, там все приготовлено. Вы волнуетесь?..

Нина. Да, очень. Ваша мама – ничего, ее я не боюсь, но у вас Тригорин... Играть при нем мне страшно и стыдно... Известный писатель... Он молод?

Треплев. Да.

Нина. Какие у него чудесные рассказы!

Треплев *(холодно)*. Не знаю, не читал.

богéма: Bohème.
как бы я не пошлá в актрúсы: ich könnte Schauspielerin werden.
вяз: Ulme, Rüster.
лáять (uv.): bellen.
сéра: Schwefel.
пáхнуть (пáхну, пáхнешь; uv.): riechen.

Нина. В вашей пьесе трудно играть. В ней нет живых лиц.

Треплев. Живые лица! Надо изображать жизнь не такою, как она есть, и не такою, как должна быть, а такою, как она представляется в мечтах.

Нина. В вашей пьесе мало действия, одна только читка. И в пьесе, по-моему, непременно должна быть любовь...

Оба уходят за эстраду.

Входят Полина Андреевна *и* Дорн.

Полина Андреевна. Становится сыро. Вернитесь, наденьте калоши.

Дорн. Мне жарко.

Полина Андреевна. Вы не бережете себя. Это упрямство. Вы – доктор и отлично знаете, что вам вреден сырой воздух, но вам хочется, чтобы я страдала; вы нарочно просидели вчера весь вечер на террасе...

Дорн *(напевает)*. «Не говори, что молодость сгубила».

Полина Андреевна. Вы были так увлечены разговором с Ириной Николаевной... вы не замечали холода. Признайтесь, она вам нравится...

Дорн. Мне 55 лет.

Полина Андреевна. Пустяки, для мужчины это не старость. Вы прекрасно сохранились и еще нравитесь женщинам.

Дорн. Так что же вам угодно?

Полина Андреевна. Перед актрисой вы все готовы падать ниц. Все!

Дорн *(напевает)*. «Я вновь пред тобою...» Если в обществе любят артистов и относятся к ним иначе, чем, например, к купцам, то это в порядке вещей. Это – идеализм.

чи́тка: Deklamation, Vortrag.

бере́чь (берегу́, бережёшь; uv.): aufpassen, acht geben.

упря́мство: Starr-, Dickköpfigkeit, Halsstarrigkeit, Sturheit, Trotz.

вре́дный: gefährlich, schädlich.

наро́чно: absichtlich.

«Не говори́, что мо́лодость сгуби́ла». »Sag nicht, die Jugend sei dahin.«— Romanze von Jakov Prigožij (1840–1920) basierend auf dem Gedicht »Тяжелый крест достался ей на долю« (Ein schweres Kreuz war ihr Schicksal) von Nikolaj Nekrasov. (сгуби́ть: сгублю́, сгу́бишь; umg., v.: zugrunde richten).

увле́чь (увлеку́, увлечёшь; v.): bezaubern, packen.

па́дать (uv.) **ниц** (alt., buchspr.): zur Erde fallen, zu Füßen fallen.

Полина Андреевна. Женщины всегда влюблялись в вас и вешались на шею. Это тоже идеализм?

Дорн *(пожав плечами)*. Что ж? В отношениях женщин ко мне было много хорошего. Во мне любили главным образом превосходного врача. Лет 10–15 назад, вы помните, во всей губернии я был единственным порядочным акушером. Затем всегда я был честным человеком.

Полина Андреевна *(хватает его за руку)*. Дорогой мой!

Дорн. Тише. Идут.

Входят Аркадина под руку с Сориным, Тригорин, Шамраев, Медведенко и Маша.

Шамраев. В 1873 году в Полтаве на ярмарке она играла изумительно. Один восторг! Чудно играла! Не изволите ли также знать, где теперь комик Чадин, Павел Семеныч? В Расплюеве был неподражаем, лучше Садовского, клянусь вам, многоуважаемая. Где он теперь?

Аркадина. Вы всё спрашиваете про каких-то допотопных. Откуда я знаю! *(Садится.)*

«Я вновь пред тобо́ю [стою́ очаро́ван] ...»: »Und wieder steh ich verzaubert hier vor dir.« Die Verse der populären Romanze stammen aus dem Gedicht »Цыга́нская пе́сня« (Zigeunerlied) von dem russischen Dichter Aleksej N. Apuchtin (1841–1893).

веша́ться (uv.) **на ше́ю** (umg.): an den Hals werfen (веша́ться: sich hängen).

пожа́ть (v.) **плеча́ми:** die Achseln zucken.

превосхо́дный: hervorragend, ausgezeichnet, außergewöhnlich, überragend.

поря́дочный акуше́р (alt.): anständiger Geburtshelfer/Akkoucher.

Полта́ва: heute: Stadt in der Zentralukraine; ab 1803 Zentrum des russischen Gouvernements Poltawa; hatte gegen Ende des 19. Jahrhundert rd. 53.000 Einwohner.

изуми́тельный: wunderbar, außergewöhnlich, fantastisch.

не изволи́те ли та́кже знать (umg.): und, bitte, wissen Sie vielleicht.

Расплю́ев: Ivan Antonovič Raspljuev aus der satirischen Komödie *Krečinskijs Heirat* (*Сва́дьба Кречи́нского*, 1852–54) des russischen Dramatikers Aleksandr Suchovo-Kobylin (1817–1903) ist der Typus eines opportunistischen, abgewirtschafteten Adeligen. Die Rolle wurde 1855 als erster von dem Schauspieler Sadovskij gespielt.

неподража́емый: unnachahmlich, unvergleichlich.

Садо́вский: Der Schauspieler Prov Michajlovič Ermilov (1818–1872) machte sich unter dem Künstlernamen Sadovskij vor allem am Moskauer *Kleinen Theater* (Malyj teatr) einen Namen als Darsteller der Dramen von Aleksandr Ostrovskij (1823–86).

кля́сться (кляну́сь, клянёшься; uv.): schwören, beteuern, versichern.

допото́пный: vorsintflutlich, altmodisch.

Шамраев *(вздохнув)*. Пашка Чадин! Таких уж нет теперь. Пала сцена, Ирина Николаевна! Прежде были могучие дубы, а теперь мы видим одни только пни.

Дорн. Блестящих дарований теперь мало, это правда, но средний актер стал гораздо выше.

Шамраев. Не могу с вами согласиться. Впрочем, это дело вкуса. De gustibus aut bene, aut nihil.

Треплев выходит из-за эстрады.

Аркадина *(сыну)*. Мой милый сын, когда же начало?

Треплев. Через минуту. Прошу терпения.

Аркадина *(читает из «Гамлета»)*. «Мой сын! Ты очи обратил мне внутрь души, и я увидела ее в таких кровавых, в таких смертельных язвах – нет спасенья!»Треплев *(из «Гамлета»)*. «И для

вздохну́ть (v.): seufzen.

пень (нья; m.): Baumstumpf; auch (fig, umg.): Tölpel.

дарова́ние: Begabung, Talent.

сре́дний актёр: Durchschnittsschauspieler.

de gustibus aut bene, aut nihil: *Über Geschmack sprich gut oder gar nicht.* Ironisch abgewandelte Verbindung von zwei lateinischen Sprichwörtern: *de gustibus non est disputandum* (über Geschmack lässt sich nicht streiten) und *de mortuis nil nisi bonum* (oder auch: *de mortuis, aut bene aut nihil*: über die Toten sprich nur gut; über die Toten sprich gut oder gar nicht). Čechov legt mit Vorliebe seinen Charakteren verdrehte Zitate in den Mund; so verballhornt etwa der soziale Aufsteiger Lopachin im 2. Akt des *Kirschgartens* ein Hamlet-Zitat.

«Мой сын! Ты очи обратил мне внутрь души, и я увидела ее в таких кровавых, в таких смертельных язвах – нет спасенья!» – «И для чего ж ты поддалась пороку, любви искала в бездне преступленья?». Das Hamlet-Zitat hat Čechov der russischen, vom englischen Original etwas abweichenden Übersetzung von N. A. Polevoj entnommen. Es lautet übersetzt: »Mein Sohn! Du hast die Augen mir ins Innere der Seele gelenkt, und ich sah sie in solchen blutüberströmten, solchen tödlichen Geschwüren – es gibt keine Rettung. – Und warum hast du dich dem Laster ergeben, warum hast du im Abgrund des Verbrechens Liebe gesucht?« Das Original aus Shakespeares Drama Hamlet (Akt III, Szene 4) lautet: Queen: *O Hamlet, speak no more! / Thou turn'st my eyes into my very soul; / And there I see such black and grained spots / As will not leave their tinct.* (Hamlet, III.iv.88–91) – Hamlet: *Nay, but to live / In the rank sweat of an enseamed bed, / Stew'd in corruption, honeying and making love / Over the nasty sty!* (Hamlet, III.iv.91–94). In der deutschen Hamlet-Übersetzung von Schlegel und Tieck heißt es: KÖNIGIN: »O Hamlet, sprich nicht mehr!/Du kehrst die Augen recht ins Innre mir;/Da seh ich Flecke, tief und schwarz gefärbt,/Die nicht von Farbe lassen.« – HAMLET: »Nein, zu leben/Im Schweiß und Brodem eines eklen Betts,/Gebrüht in Fäulnis, buhlend und sich paarend/Über dem garstigen Nest –.«

чего ж ты поддалась пороку, любви искала в бездне преступленья?»

За эстрадой играют в рожок.

Господа, начало! Прошу внимания!

Пауза.

Я начинаю. *(Стучит палочкой и говорит громко.)* О вы, почтенные старые тени, которые носитесь в ночную пору над этим озером, усыпите нас, и пусть нам приснится то, что будет через двести тысяч лет!

Сорин. Через двести тысяч лет ничего не будет.

Треплев. Так вот пусть изобразят нам это ничего.

Аркадина. Пусть. Мы спим.

Поднимается занавес; открывается вид на озеро; луна над горизонтом, отражение ее в воде; на большом камне сидит Нина Заречная, вся в белом.

Нина. Люди, львы, орлы и куропатки, рогатые олени, гуси, пауки, молчаливые рыбы, обитавшие в воде, морские звезды и те, которых нельзя было видеть глазом, – словом, все жизни, все жизни, все жизни, свершив печальный круг, угасли... Уже тысячи веков, как земля не носит на себе ни одного живого существа, и эта бедная луна напрасно зажигает свой фонарь. На лугу уже не просыпаются с криком журавли, и майских жуков не бывает

рожо́к (G.: рожка́): Horn.
почте́нный: ehrwürdig.
носи́ться (ношу́сь, но́сишься, uv.): sich ausbreiten, dahintreiben, -ziehen.
усыпи́ть (-плю́, -пи́шь; v.): einschläfern, in den Schlaf hüllen.
присни́тсья (-ню́сь, -ни́шься; v.): träumen, im Traum erscheinen.
так вот пусть: so mögen dann.
изобрази́ть (изображу́, -ази́шь; v.): darstellen, zeigen.
отраже́ние: Widerspiegelung.
орёл (G.: орла́): Adler.
куропа́тка: Rebhuhn.
рога́тый: gehörnt.
обита́ть (uv.): wohnen, hausen.
морска́я звезда́: Seestern.
сверши́ть (v.): vollenden.
уга́снуть (Prät.: уга́с, уга́сла; v.): erlöschen, ausgehen.
напра́сно: umsonst, vergebens.
луг: Wiese.
жура́вль (m.): Kranich.
майский жук: Maikäfer.

слышно в липовых рощах. Холодно, холодно, холодно. Пусто, пусто, пусто. Страшно, страшно, страшно.

Пауза.

Тела живых существ исчезли в прахе, и вечная материя обратила их в камни, в воду, в облака, а души их всех слились в одну. Общая мировая душа – это я... я... Во мне душа и Александра Великого, и Цезаря, и Шекспира, и Наполеона, и последней пиявки. Во мне сознания людей слились с инстинктами животных, и я помню все, все, все, и каждую жизнь в себе самой я переживаю вновь.

Показываются болотные огни.

Аркадина *(тихо)*. Это что-то декадентское.

Треплев *(умоляюще и с упреком)*. Мама!

Нина. Я одинока. Раз в сто лет я открываю уста, чтобы говорить, и мой голос звучит в этой пустоте уныло, и никто не слышит... И вы, бледные огни, не слышите меня... Под утро вас рождает гнилое болото, и вы блуждаете до зари, но без мысли, без воли, без трепетания жизни. Боясь, чтобы в вас не возникла жизнь, отец вечной материи, дьявол, каждое мгновение в вас, как в камнях и в воде, производит обмен атомов, и вы меняетесь непрерывно. Во вселенной остается постоянным и неизменным один лишь дух.

Пауза.

ли́повая ро́ща: Lindenhain.
прах: Staub.
о́бщая мирова́я душа́: allgemeine/gemeinsame Weltseele.
пия́вка: Blutegel.
созна́ние: Bewusstsein.
пережива́ть (uv.): durchleben.
умоля́юще и с упрёком: flehentlich und vorwurfsvoll (упрёк: Vorwurf).
уны́лый: niedergeschlagen, schwermütig, trostlos.
бле́дный: bleich, blass.
рожда́ть (uv.): gebären, hervorbringen, erzeugen.
гнило́й: faul, verfault, faulig.
блужда́ть (uv.): umherirren.
заря́: Morgenröte.
трепета́ние: Beben, Zittern.
обме́н ато́мов: Austausch/Wandlung der Atome.
непреры́вный: ununterbrochen.
вселе́нная: Weltall.
неизме́нный: unveränderlich, unwandelbar.

Как пленник, брошенный в пустой глубокий колодец, я не знаю, где я и что меня ждет. От меня не скрыто лишь, что в упорной, жестокой борьбе с дьяволом, началом материальных сил, мне суждено победить, и после того материя и дух сольются в гармонии прекрасной и наступит царство мировой воли. Но это будет лишь, когда мало-помалу, через длинный, длинный ряд тысячелетий, и луна, и светлый Сириус, и земля обратятся в пыль... А до тех пор ужас, ужас...

Пауза; на фоне озера показываются две красных точки.

Вот приближается мой могучий противник, дьявол. Я вижу его страшные багровые глаза...

Аркадина. Серой пахнет. Это так нужно?

Треплев. Да.

Аркадина *(смеется)*. Да, это эффект.

Треплев. Мама!

Нина. Он скучает без человека...

Полина Андреевна *(Дорну)*. Вы сняли шляпу. Наденьте, а то простудитесь.

Аркадина. Это доктор снял шляпу перед дьяволом, отцом вечной материи.

Треплев *(вспылив, громко)*. Пьеса кончена! Довольно! Занавес!

Аркадина. Что же ты сердишься?

Треплев. Довольно! Занавес! Подавай занавес! *(Топнув ногой.)* Занавес!

Занавес опускается.

Виноват! Я выпустил из вида, что писать пьесы и играть на сцене могут только немногие избранные. Я нарушил монополию! Мне... я... *(Хочет еще что-то сказать, но машет рукой и уходит влево.)*

пле́нник: Gefangener.
бро́шенный: p.pt.p. von бро́сить, бро́шу, бро́сишь, v.: (hinein)werfen.
коло́дец (G.: -дца): Brunnen.
упо́рный: beharrlich, hartnäckig, erbittert.
мне суждено́: es ist mir beschieden.
ца́рство мирово́й во́ли: die Herrschaft der Weltfreiheit.
ма́ло-пома́лу (adv., umg.): nach und nach, allmählich.
на фо́не: im Hintergrund.
багро́вый: glutrot.
вспы́ливый: aufbrausend, hitzig.
то́пнуть (v.): stampfen, trampeln.
Винова́т! Verzeihung! Entschuldigen Sie! Pardon!

Аркадина. Что с ним?

Сорин. Ирина, нельзя так, матушка, обращаться с молодым самолюбием.

Аркадина. Что же я ему сказала?

Сорин. Ты его обидела.

Аркадина. Он сам предупреждал, что это шутка, и я относилась к его пьесе, как к шутке.

Сорин. Все-таки...

Аркадина. Теперь оказывается, что он написал великое произведение! Скажите, пожалуйста! Стало быть, устроил он этот спектакль и надушил серой не для шутки, а для демонстрации... Ему хотелось поучить нас, как надо писать и что нужно играть. Наконец, это становится скучно. Эти постоянные вылазки против меня и шпильки, воля ваша, надоедят хоть кому! Капризный, самолюбивый мальчик.

Сорин. Он хотел доставить тебе удовольствие.

Аркадина. Да? Однако же вот он не выбрал какой-нибудь обыкновенной пьесы, а заставил нас прослушать этот декадентский бред. Ради шутки я готова слушать и бред, но ведь тут претензии на новые формы, на новую эру в искусстве. А, по-моему, никаких тут новых форм нет, а просто дурной характер.

Тригорин. Каждый пишет так, как хочет и как может.

вы́пустить (v.) **из ви́да:** außer Acht lassen, entfallen, verschwitzen.
нару́шить (v.): übertreten, verletzen.
маха́ть руко́й: abwinken (маха́ть, машу́, ма́шешь; uv.: winken).
ма́тушка (Anrede): meine Liebe.
самолю́бие: Ehrgeiz, Ehrgefühl.
оби́деть (оби́жу, оби́дишь; v.): beleidigen, kränken.
предупрежда́ть (uv.): im Voraus aufmerksam machen.
надуши́ть (v.): »parfümieren«.
поучи́ть (v.): belehren, eine Belehrung erteilen, unterweisen.
вы́лазка: Ausfall, Entgleisung.
шпи́лька (umg.): Stichelei.
во́ля ва́ша (umg.): hier: ich bitte Sie.
надоедя́т хоть кому́ (umg.): hier: ich habe es satt (надое́сть, v.: satt haben).
каприз́ный: eigensinnig, launisch.
удово́льствие: Gefallen, Vergnügen, Freude.
заста́вить (v.): nötigen, zwingen.
бред: Fieberfantasie; Stumpfheit, Idiotie, Schwachsinn.
прете́нзия: Prätention, Anspruch.
дурно́й: schlecht, übel.

Аркадина. Пусть он пишет как хочет и как может, только пусть оставит меня в покое.
Дорн. Юпитер, ты сердишься...
Аркадина. Я не Юпитер, а женщина. *(Закуривает.)* Я не сержусь, мне только досадно, что молодой человек так скучно проводит время. Я не хотела его обидеть.
Медведенко. Никто не имеет основания отделять дух от материи, так как, быть может, самый дух есть совокупность материальных атомов. *(Живо, Тригорину.)* А вот, знаете ли, описать бы в пьесе и потом сыграть на сцене, как живет наш брат – учитель. Трудно, трудно живется!
Аркадина. Это справедливо, но не будем говорить ни о пьесах, ни об атомах. Вечер такой славный! Слышите, господа, поют? *(Прислушивается.)* Как хорошо!
Полина Андреевна. Это на том берегу.
Пауза.
Аркадина *(Тригорину)*. Сядьте возле меня. Лет 10–15 назад, здесь, на озере, музыка и пение слышались непрерывно почти каждую ночь. Тут на берегу шесть помещичьих усадеб. Помню, смех, шум, стрельба, и всё романы, романы... Jeune premier'ом и кумиром всех этих шести усадеб был тогда вот, рекомендую *(кивает на Дорна)*, доктор Евгений Сергеич. И теперь он очарова-

---

Юпи́тер, ты се́рдишься ...: Die Fortsetzung des geflügelten Wortes lautet: ... зна́чит, ты не прав: Jupiter, du zürnst, [also hast du unrecht]. Der Ausdruck, der auf den griechischen Satiriker der Antike Lukian zurückgeht und den Streit zwischen Prometheus und Zeus (Jupiter) beschreibt, wird scherzend benutzt, wenn jemand sich bei einem Streit ärgert und dadurch zeigt, dass er im Unrecht ist. (серди́ться, сержу́сь, се́рдишься, uv.: böse sein).
заку́ривать (uv.):eine Zigarette anzünden.
име́ть основа́ние: einen Grund haben
совоку́пность (f.): Gesamtheit.
наш брат (umg.): unsereiner, unsereins.
сла́вный: ruhmreich; hier (umg.): herrlich, toll.
поме́щичья уса́дьба: Landgut, -sitz.
стрельба́: Schießen.
всё (adv., umg.): immerfort, immer wieder.
jeune premier (frz.): der erste Liebhaber. Gemeint ist in der Theatersprache der Schauspieler in der Rolle des Liebhabers.
куми́р: Abgott, Idol, Schwarm, Star.
кива́ть (uv.) **на** + Akk.: jdm. zunicken, verweisen.
очарова́тельный: charmant, bezaubernd.

лен, но тогда был неотразим. Однако меня начинает мучить совесть. За что я обидела моего бедного мальчика? Я непокойна. *(Громко.)* Костя! Сын! Костя!

Маша. Я пойду поищу его.

Аркадина. Пожалуйста, милая.

Маша *(идет влево)*. Ау! Константин Гаврилович!.. Ау! *(Уходит.)*

Нина *(выходя из-за эстрады.)* Очевидно, продолжения не будет, мне можно выйти. Здравствуйте! *(Целуется с Аркадиной и Полиной Андреевной.)*

Сорин. Браво! браво!

Аркадина. Браво! браво! Мы любовались. С такою наружностью, с таким чудным голосом нельзя, грешно сидеть в деревне. У вас должен быть талант. Слышите? Вы обязаны поступить на сцену!

Нина. О, это моя мечта! *(Вздохнув.)* Но она никогда не осуществится.

Аркадина. Кто знает? Вот позвольте вам представить: Тригорин, Борис Алексеевич.

Нина. Ах, я так рада... *(Сконфузившись.)* Я всегда вас читаю...

Аркадина *(усаживая ее возле)*. Не конфузьтесь, милая. Он знаменитость, но у него простая душа. Видите, он сам сконфузился.

Дорн. Полагаю, теперь можно поднять занавес, а то жутко.

Шамраев *(громко)*. Яков, подними-ка, братец, занавес!

Занавес поднимается.

Нина *(Тригорину)*. Не правда ли, странная пьеса?

неотрази́мый: unwiderstehlich.
Ау́!: Hallo!
любова́ться (-бу́юсь, -бу́ешься; uv.): mit Vergnügen betrachten; begeistert sein, die helle Freude haben.
гре́шный: sündig, sündhaft.
до́лжен быть: bestimmt, sicher.
обя́занный: verpflichtet; müssen.
осуществи́ться (v.): in Erfüllung gehen, realisiert werden.
сконфу́зиться (-у́жусь, -у́зишься; v.): in Verlegenheit geraten.
уса́живать (uv.): Platz nehmen, sich setzen.
жу́тко (adv.): unheimlich; angst und bange werden.
бра́тец (Anrede): mein Lieber.

Тригорин. Я ничего не понял. Впрочем, смотрел я с удовольствием. Вы так искренно играли. И декорация была прекрасная.

Пауза.

Должно быть, в этом озере много рыбы.

Нина. Да.

Тригорин. Я люблю удить рыбу. Для меня нет больше наслаждения, как сидеть под вечер на берегу и смотреть на поплавок.

Нина. Но, я думаю, кто испытал наслаждение творчества, для того уже все другие наслаждения не существуют.

Аркадина *(смеясь)*. Не говорите так. Когда ему говорят хорошие слова, то он проваливается.

Шамраев. Помню, в Москве в оперном театре однажды знаменитый Сильва взял нижнее до. А в это время, как нарочно, сидел на галерее бас из наших синодальных певчих, и вдруг, можете себе представить наше крайнее изумление, мы слышим с галереи: «Браво, Сильва!» – целою октавой ниже... Вот этак *(низким баском)*: браво, Сильва... Театр так и замер.

Пауза.

Дорн. Тихий ангел пролетел.

Нина. А мне пора. Прощайте.

Аркадина. Куда? Куда так рано? Мы вас не пустим.

Нина. Меня ждет папа.

Аркадина. Какой он, право... *(Целуются.)* Ну, что делать. Жаль, жаль вас отпускать.

Нина. Если бы вы знали, как мне тяжело уезжать!

уди́ть (ужу́, у́дишь; uv.): angeln.
наслажде́ние: Genuss, Wonne.
поплаво́к (G.: -вка́): Schwimmer (an der Angel).
прова́ливаться (uv.): einbrechen; hier: (im Erdboden) versinken.
нижне́е до: das tiefe Do (= das tiefe C).
синода́льный пе́вчий: Synodalsänger, Sänger im Kirchenchor.
кра́йнее изумле́ние: außerordentliche Verblüffung (кра́йний, -яя, -ее: äußerst).
вот эта́к (umg.): etwa so.
басо́к (баска́, umg.): Basstimme.
Ти́хий а́нгел пролете́л: Ein stiller Engel flog vorbei. Die Redewendung, deren deutsche Entsprechung »Es flog ein Engel durchs Zimmer« lautet, wird bei einer plötzlich eintretenden Stille bzw. Unterbrechung während einer Unterhaltung benutzt. Die Redensart kommt wiederholt in Čechovs Werk vor, z. B. in der *Erzählung eines Unbekannten* (*Расска́з неизве́стного челове́ка*), auch bei anderen Schriftstellern, etwa Turgenev, Saltykov-Ščedrin, Žukovskij u. a.

Аркадина. Вас бы проводил кто-нибудь, моя крошка.

Нина *(испуганно)*. О, нет, нет!

Сорин *(ей, умоляюще)*. Останьтесь!

Нина. Не могу, Петр Николаевич.

Сорин. Останьтесь на один час и всё. Ну что, право...

Нина *(подумав, сквозь слезы)*. Нельзя! *(Пожимает руку и быстро уходит.)*

Аркадина. Несчастная девушка в сущности. Говорят, ее покойная мать завещала мужу всё свое громадное состояние, всё до копейки, и теперь эта девочка осталась ни с чем, так как отец ее уже завещал всё своей второй жене. Это возмутительно.

Дорн. Да, ее папенька порядочная-таки скотина, надо отдать ему полную справедливость.

Сорин *(потирая озябшие руки)*. Пойдемте-ка, господа, и мы, а то становится сыро. У меня ноги болят.

Аркадина. Они у тебя как деревянные, едва ходят. Ну, пойдем, старик злосчастный. *(Берет его под руку.)*

Шамраев *(подавая руку жене)*. Мадам?

Сорин. Я слышу, опять воет собака. *(Шамраеву.)* Будьте добры, Илья Афанасьевич, прикажите отвязать ее.

Шамраев. Нельзя, Петр Николаевич, боюсь, как бы воры в амбар не забрались. Там у меня просо. *(Идущему рядом Медведен-*

моя́ кро́шка: hier: mein Kleines (кро́шка: Krümel).
ну что, пра́во (umg.)...: Nun, was ist? Nun, also wirklich.
в су́щности: eigentlich, im Grunde genommen (су́щность, f.: Wesen, Kern).
завеща́ть (uv.): vermachen.
состоя́ние: Zustand; Vermögen.
оста́ться (v.) ни́ с чем: mit nichts dastehen; bettelarm sein.
возмути́тельный: empörend, haarsträubend, ungeheuerlich, unverschämt, skandalös.
поря́дочная-таки́ скоти́на (umg.): ein gehöriger/schöner/ausgemachter Mistkerl sein.
на́до отда́ть (v.) **ему́ по́лную справедли́вость** (f.): man muss ihm volle Gerechtigkeit widerfahren lassen.
озя́бший (p.pt.a.): erstarrt, eingefroren, kalt (озя́бнуть, v.: frieren).
пойдёмте-ка: lasst uns gehen. Die Partikel –ка (etwa: mal, doch) mildert einen Befehl bzw. drückt einen Wunsch aus.
злосча́стный: unglückselig, bedauerns-, bemitleidenswert.
амба́р: (Korn)-Speicher, Lagerraum.
забра́ться (v.): sich einschleichen, heimlich eindringen.
про́со: Hirse.

ку.) Да, на целую октаву ниже: «Браво, Сильва!» А ведь не певец, простой синодальный певчий.

Медведенко. А сколько жалованья получает синодальный певчий?

Все уходят, кроме Дорна.

Дорн *(один)*. Не знаю, быть может, я ничего не понимаю или сошел с ума, но пьеса мне понравилась. В ней что-то есть. Когда эта девочка говорила об одиночестве и потом, когда показались красные глаза дьявола, у меня от волнения дрожали руки. Свежо, наивно... Вот, кажется, он идет. Мне хочется наговорить ему побольше приятного.

Треплев *(входит)*. Уже нет никого.

Дорн. Я здесь.

Треплев. Меня по всему парку ищет Машенька. Несносное создание.

Дорн. Константин Гаврилович, мне ваша пьеса чрезвычайно понравилась. Странная она какая-то, и конца я не слышал, и все-таки впечатление сильное. Вы талантливый человек, вам надо продолжать.

Треплев крепко жмет ему руку и обнимает порывисто.

Фуй, какой нервный. Слезы на глазах... Я что хочу сказать? Вы взяли сюжет из области отвлеченных идей. Так и следовало, потому что художественное произведение непременно должно выражать какую-нибудь большую мысль. Только то прекрасно, что серьезно. Как вы бледны!

Треплев. Так вы говорите – продолжать?

Дорн. Да... Но изображайте только важное и вечное. Вы знаете, я прожил свою жизнь разнообразно и со вкусом, я доволен, но

жа́лованье: Lohn, Gehalt.
сойти́ (v.) с ума́: verrückt werden, den Verstand verlieren.
несно́сный: unerträglich.
созда́ние: Schaffen, Erschaffung; hier: Geschöpf.
поры́вистый: heftig, stürmisch.
фуй: eh; hu, pfui.
како́й не́рвный: wie nervös Sie sind.
отвлечённый: abstrakt.
так и сле́довало (umg.): so muss es auch sein (сле́довать, uv.: folgen, sich ergeben aus).
непреме́нный: unbedingt.
разнообра́зный: verschieden; abwechslungsreich.

если бы мне пришлось испытать подъем духа, какой бывает у художников во время творчества, то, мне кажется, я презирал бы свою материальную оболочку и все, что этой оболочке свойственно, и уносился бы от земли подальше в высоту.

Треплев. Виноват, где Заречная?

Дорн. И вот еще что. В произведении должна быть ясная, определенная мысль. Вы должны знать, для чего пишете, иначе, если пойдете по этой живописной дороге без определенной цели, то вы заблудитесь и ваш талант погубит вас.

Треплев *(нетерпеливо)*. Где Заречная?

Дорн. Она уехала домой.

Треплев *(в отчаянии)*. Что же мне делать? Я хочу ее видеть... Мне необходимо ее видеть... Я поеду...

Маша входит.

Дорн *(Треплеву)*. Успокойтесь, мой друг.

Треплев. Но все-таки я поеду. Я должен поехать.

Маша. Идите, Константин Гаврилович, в дом. Вас ждет ваша мама. Она непокойна.

Треплев. Скажите ей, что я уехал. И прошу вас всех, оставьте меня в покое! Оставьте! Не ходите за мной!

Дорн. Но, но, но, милый... нельзя так... Нехорошо.

Треплев *(сквозь слезы)*. Прощайте, доктор. Благодарю... *(Уходит.)*

Дорн *(вздохнув)*. Молодость, молодость!

Маша. Когда нечего больше сказать, то говорят: молодость, молодость... *(Нюхает табак.)*

Дорн *(берет у нее табакерку и швыряет в кусты)*. Это гадко!

Пауза.

подъём ду́ха: Aufschwung/Höhen/Begeisterung des Geistes.
презира́ть (uv.): verachten.
оболо́чка: Hülle.
сво́йственный: eigen, zugehörig.
уноси́ться (уношу́сь, уно́сишься; uv.): davoneilen, sich versetzen.
живопи́сный: malerisch, ausdrucksvoll, poetisch.
заблуди́ться (-ужу́сь, -у́дишься; v.): sich verirren.
проща́йте: leben Sie wohl.
когда́ не́чего бо́льше сказа́ть: wenn man nichts mehr zu sagen hat; wenn man nicht weiter weiß; wenn einem nichts mehr einfällt.
швыря́ть (umg., uv.): schleudern, schmeißen.
га́дкий: widerlich, ekelhaft, scheußlich.

В доме, кажется, играют. Надо идти.
Маша. Погодите.
Дорн. Что?
Маша. Я еще раз хочу вам сказать. Мне хочется поговорить... *(Волнуясь.)* Я не люблю своего отца... но к вам лежит мое сердце. Почему-то я всею душой чувствую, что вы мне близки... Помогите же мне. Помогите, а то я сделаю глупость, я насмеюсь над своею жизнью, испорчу ее... Не могу дольше...
Дорн. Что? В чем помочь?
Маша. Я страдаю. Никто, никто не знает моих страданий! *(Кладет ему голову на грудь, тихо.)* Я люблю Константина.
Дорн. Как все нервны! Как все нервны! И сколько любви... О, колдовское озеро! *(Нежно.)* Но что же я могу сделать, дитя мое? Что? Что?

Занавес

насмея́ться (-ею́сь, -еёшься; v.) **над** + Instr.: verspotten, sich lustig machen (über).
испо́ртить (-по́рчу, -о́ртишь; v.): verderben, zerstören, verpfuschen.
колдо́вское о́зеро: verzauberter/verwunschener See.

Действие второе

Площадка для крокета. В глубине направо дом с большою террасой, налево видно озеро, в котором, отражаясь, сверкает солнце. Цветники. Полдень. Жарко. Сбоку площадки, в тени старой липы, сидят на скамье Аркадина, Дорн *и* Маша. *У Дорна на коленях раскрытая книга.*

Аркадина *(Маше)*. Вот встанемте.

Обе встают.

Станем рядом. Вам двадцать два года, а мне почти вдвое. Евгений Сергеич, кто из нас моложавее?

Дорн. Вы, конечно.

Аркадина. Вот-с... А почему? Потому что я работаю, я чувствую, я постоянно в суете, а вы сидите всё на одном месте, не живете... И у меня правило: не заглядывать в будущее. Я никогда не думаю ни о старости, ни о смерти. Чему быть, того не миновать.

Маша. А у меня такое чувство, как будто я родилась уже давно-давно; жизнь свою я тащу во́локом, как бесконечный шлейф... И часто не бывает никакой охоты жить. *(Садится.)* Конечно, это все пустяки. Надо встряхнуться, сбросить с себя все это.

Дорн *(напевает тихо)*. «Расскажите вы ей, цветы мои...»

Аркадина. Затем, я корректна, как англичанин. Я, милая, держу себя в струне, как говорится, и всегда одета и причесана

сверка́ть (uv.): glitzern.
цветни́к: Blumenbeet.
ли́па: Linde.
моложа́вый: jung aussehend.
вот-с: Na, bitte; wer sagt's denn. Die Partikel »c« konnte in der gesprochenen Sprache allen Wörtern zum Ausdruck der Höflichkeit bzw. Unterwürfigkeit, aber auch, wie hier, der Ironie bzw. des Scherzes angefügt werden.
суета́: Eile, Hast, Hektik.
минова́ть (v.) + Gen.: entgehen, entrinnen.
тащи́ть (uv.) **во́локом:** (hinterher) schleifen, (herum-) schleppen, -ziehen.
шлейф: Schleppe.
встряхну́ться (v.): sich schütteln, aufraffen, Mut fassen.
«Расскажи́те вы ей, цветы́ мои́...»: »Erzählt ihr, oh meine Blumen.« Arie aus der Oper »Faust« (1859) von Charles Gounod (1818–1893).
держа́ть (uv.) **себя́ в струне́:** sich streng/tadellos halten, auf sich halten, sich tadellos kleiden. (струна́: Saite; держа́ть, держу́, де́ржишь)

comme il faut. Чтобы я позволила себе выйти из дому, хотя бы вот в сад, в блузе или непричесанной? Никогда. Оттого я и сохранилась, что никогда не была фефёлой, не распускала себя, как некоторые... *(Подбоченясь, прохаживается по площадке.)* Вот вам – как цыпочка. Хоть пятнадцатилетнюю девочку играть.

Дорн. Ну-с, тем не менее все-таки я продолжаю. *(Берет книгу.)* Мы остановились на лабазнике и крысах...

Аркадина. И крысах. Читайте. *(Садится.)* Впрочем, дайте мне, я буду читать. Моя очередь. *(Берет книгу и ищет в ней глазами.)* И крысах... Вот оно... *(Читает.)* «И, разумеется, для светских людей баловать романистов и привлекать их к себе так же опасно, как лабазнику воспитывать крыс в своих амбарах. А между тем их любят. Итак, когда женщина избрала писателя, которого она желает заполонить, она осаждает его посредством комплиментов, любезностей и угождений...» Ну, это у французов, может быть, но у нас ничего подобного, никаких программ. У нас жен-

---

причёсанный: frisiert: p.pt.p. von причеса́ть (-чешу́, -е́шешь; v.): kämmen, frisieren.
comme il faut (frz.): wie es sich gehört.
позво́лить (v.) **себе́:** sich herausnehmen, sich leisten können.
хотя́ бы (Part.): wenn auch nur.
сохрани́ться (v.): sich erhalten, sich gut halten.
фефёла (umg.): füllige Frau; (dicke) Schlampe.
распуска́ть себя́ (uv., umg.): sich gehenlassen.
подбоче́ниться (v., umg.): die Arme in die Hüften stemmen.
проха́живаться (uv.): auf und ab gehen.
цы́почка: (junges) Küken.
хоть (Partikel): sogar.
Ну-с, тем не ме́нее всё-таки я продолжа́ю: Na schön, trotzdem werde ich jetzt weiterlesen.
лаба́зник: Getreidehändler.
кры́са: Ratte.
разуме́ется: selbstverständlich, natürlich.
све́тские лю́ди: Menschen der höheren Gesellschaft.
балова́ть (-у́ю, -у́ешь; uv.): verwöhnen, verhätscheln.
романи́ст: Romanautor, Romancier.
воспи́тывать: erziehen, züchten.
ме́жду тем: unterdessen, dennoch.
заполони́ть (v.): ausfüllen; hier: für sich einnehmen.
осажда́ть (uv., umg.) + Instr.: überhäufen, bezirzen, bestürmen (mit).
посре́дством: mit Hilfe von, durch.
угожде́ние: Gefälligkeit.

щина обыкновенно, прежде чем заполонить писателя, сама уже влюблена по уши, сделайте милость. Недалеко ходить, взять хоть меня и Тригорина...

Идет Сорин, *опираясь на трость, и рядом с ним* Нина; Медведенко *катит за ними пустое кресло.*

Сорин *(тоном, каким ласкают детей)*. Да? У нас радость? Мы сегодня веселы, в конце концов? *(Сестре.)* У нас радость! Отец и мачеха уехали в Тверь, и мы теперь свободны на целых три дня.

Нина *(садится рядом с Аркадиной и обнимает ее)*. Я счастлива! Я теперь принадлежу вам.

Сорин *(садится в свое кресло)*. Она сегодня красивенькая.

Аркадина. Нарядная, интересная... За это вы умница. *(Целует Нину.)* Но не нужно очень хвалить, а то сглазим. Где Борис Алексеевич?

Нина. Он в купальне рыбу удит.

Аркадина. Как ему не надоест! *(Хочет продолжать читать.)*

Нина. Это вы что?

Аркадина. Мопассан «На воде», милочка. *(Читает несколько строк про себя.)* Ну, дальше неинтересно и неверно. *(Закрывает книгу.)* Непокойна у меня душа. Скажите, что с моим сыном? От-

---

влюблённый по у́ши: über beide Ohren verliebt.
сде́лайте ми́лость: bitte sehr, seien Sie so gut.
кати́ть (качу́, ка́тишь; uv.): schieben.
ласка́ть (uv.): zärtlich sein (zu); erfreuen.
Тверь: Tver', eine der ältesten Städte Russlands (12. Jd.), alte Handelsstadt, an der Bahnstrecke Moskau-St. Petersburg gelegen, liegt ca. 170 Kilometer nordwestlich von Moskau, hat heute rd. 400.000 (lt. Baedeker 1904: ca. 46.000) Einwohner.
краси́венькая: Verniedlichung zu краси́вая: etwa: eine kleine Schönheit, entzükkend.
наря́дный: schmuck, elegant, fein.
хвали́ть (uv.): loben.
сгла́зить (v., umg.): (durch einen bösen Blick) behexen, betören, bezirzen, verführen.
купа́льня: Badehaus.
надое́сть (надое́м, -е́шь; v.): langweilen, überdrüssig werden, satt haben, auf die Nerven gehen.
Это вы что? (umg.): hier: Was lesen Sie da?
«На водé»: »Auf See«: Guy de Maupassants collageartiger, episodenreicher Reisebericht »Sur l'eau« (1888), der sich unter anderem kritisch mit den Bedingungen menschlichen Lebens und der zeitgenössischen Literatur auseinandersetzt sowie der Sehnsucht nach Neuem Ausdruck verleiht.

чего он так скучен и суров? Он целые дни проводит на озере, и я его почти совсем не вижу.
Маша. У него нехорошо на душе. *(Нине, робко.)* Прошу вас, прочтите из его пьесы!
Нина *(пожав плечами)*. Вы хотите? Это так неинтересно!
Маша *(сдерживая восторг)*. Когда он сам читает что-нибудь, то глаза у него горят и лицо становится бледным. У него прекрасный, печальный голос; а манеры, как у поэта.
Слышно, как храпит Сорин.
Дорн. Спокойной ночи!
Аркадина. Петруша!
Сорин. А?
Аркадина. Ты спишь?
Сорин. Нисколько.
Пауза.
Аркадина. Ты не лечишься, а это нехорошо, брат.
Сорин. Я рад бы лечиться, да вот доктор не хочет.
Дорн. Лечиться в шестьдесят лет!
Сорин. И в шестьдесят лет жить хочется.
Дорн *(досадливо)*. Э! Ну, принимайте валериановые капли.
Аркадина. Мне кажется, ему хорошо бы поехать куда-нибудь на воды.
Дорн. Что ж? Можно поехать. Можно и не поехать.
Аркадина. Вот и пойми.
Дорн. И понимать нечего. Все ясно.
Пауза.

ску́чный: gelangweilt, missgestimmt, bedrückt.
суро́вый: finster, bitter.
ро́бкий: schüchtern.
пожа́ть (пожму́, -ёшь; v.) **плеча́ми:** die Achseln zucken.
храпе́ть (храплю́, -апи́шь; uv.): schnarchen.
иско́лько: überhaupt nicht, mitnichten.
лечи́ться (лечу́сь, ле́чишься; uv.): sich behandeln lassen.
доса́дливый: verärgert, ärgerlich.
валериа́новые ка́пли: Baldriantropfen. (ка́пля, G.Pl.: ка́пель).
во́ды (Pl.): Kurort (mit Heilquellen).
Вот и пойми́ (umg.): Das soll einer verstehen. (поня́ть, пойму́, -мёшь; Imp.: пойми́!; v.)
И понима́ть не́чего (umg.): Da gibt es auch nichts zu verstehen.

Медведенко. Петру Николаевичу следовало бы бросить курить.

Сорин. Пустяки.

Дорн. Нет, не пустяки. Вино и табак обезличивают. После сигары или рюмки водки вы уже не Петр Николаевич, а Петр Николаевич плюс еще кто-то; у вас расплывается ваше я, и вы уже относитесь к самому себе, как к третьему лицу – он.

Сорин *(смеется)*. Вам хорошо рассуждать. Вы пожили на своем веку, а я? Я прослужил по судебному ведомству 28 лет, но еще не жил, ничего не испытал, в конце концов, и, понятная вещь, жить мне очень хочется. Вы сыты и равнодушны и потому имеете наклонность к философии, я же хочу жить и потому пью за обедом херес и курю сигары и все. Вот и все.

Дорн. Надо относиться к жизни серьезно, а лечиться в шестьдесят лет, жалеть, что в молодости мало наслаждался, это, извините, легкомыслие.

Маша *(встает)*. Завтракать пора, должно быть. *(Идет ленивою, вялою походкой.)* Ногу отсидела... *(Уходит.)*

Дорн. Пойдет и перед завтраком две рюмочки пропустит.

Сорин. Личного счастья нет у бедняжки.

Дорн. Пустое, ваше превосходительство.

Сорин. Вы рассуждаете, как сытый человек.

обезли́чивать (uv.): die Persönlichkeit/den Charakter/das Wesen verändern.
расплыва́ться (uv.): zerfließen.
Вам хорошо́ рассужда́ть: Sie haben gut reden.
пожи́ть на своём веку́: sein Leben leben/genießen. (век: Jahrhundert; Leben/szeit).
суде́бное ведо́мство: Gerichtswesen, Justiz. (ведо́мство: Behörde, Amt).
равноду́шный: gleichgültig.
накло́нность (f.): Neigung.
хе́рес: Jerez; spanischer Sherry aus Andalusien.
жале́ть (uv.): bedauern, klagen.
наслажда́ться (uv.): genießen.
легкомы́слие: Leichtsinn, Oberflächlichkeit.
вя́лый: schlaff, energielos.
похо́дка: Schritt.
но́гу отсиде́ть (-сижу́, -иди́шь; v.): das Bein einschlafen.
пропусти́ть (-ущу́, -у́стишь; v., umg.): sich genehmigen.
бедня́жка: der arme Teufel; die arme Seele; die Ärmste.
пусто́е: leeres Geschwätz; Unfug; Quatsch.
ва́ше превосходи́тельство: Euer Exzellenz.
сы́тый: satt, saturiert.

Аркадина. Ах, что может быть скучнее этой вот милой деревенской скуки! Жарко, тихо, никто ничего не делает, все философствуют... Хорошо с вами, друзья, приятно вас слушать, но... сидеть у себя в номере и учить роль – куда лучше!
Нина *(восторженно)*. Хорошо! Я понимаю вас.
Сорин. Конечно, в городе лучше. Сидишь в своем кабинете, лакей никого не впускает без доклада, телефон... на улице извозчики и все...
Дорн *(напевает)*. «Расскажите вы ей, цветы мои...»
Входит Шамраев, за ним Полина Андреевна.
Шамраев. Вот и наши. Добрый день! *(Целует руку у Аркадиной, потом у Нины.)* Весьма рад видеть вас в добром здоровье. *(Аркадиной.)* Жена говорит, что вы собираетесь сегодня ехать с нею вместе в город. Это правда?
Аркадина. Да, мы собираемся.
Шамраев. Гм... Это великолепно, но на чем же вы поедете, многоуважаемая? Сегодня у нас возят рожь, все работники заняты. А на каких лошадях, позвольте вас спросить?
Аркадина. На каких? Почем я знаю – на каких!
Сорин. У нас же выездные есть.
Шамраев *(волнуясь)*. Выездные? А где я возьму хомуты? Где я возьму хомуты? Это удивительно! Это непостижимо! Высокоуважаемая! Извините, я благоговею перед вашим талантом, готов отдать за вас десять лет жизни, но лошадей я вам не могу дать!
Аркадина. Но если я должна ехать? Странное дело!
Шамраев. Многоуважаемая! Вы не знаете, что значит хозяйство!

ску́ка: Langeweile, Trübsinn.
но́мер: Hotelzimmer.
куда́ лу́чше (umg.): was wäre besser.
лаке́й: Lakai, Diener, Hausangestellter.
докла́д: hier: Anmeldung.
изво́зчик: Kutscher; Droschke.
вози́ть (вожу́, во́зишь; uv., unbest.) **рожь** (f.): Roggen einfahren/einbringen/ernten.
выездны́е [ло́шади]: Kutschpferde. (выездно́й, -а́я, -о́е: Ausfahrts-)
хому́т: Kummet, (Pferde-) Geschirr.
непостижи́мый: unfassbar, nicht zu begreifen.
благогове́ть (uv.) **пе́ред** + Instr.: verehren, emporschauen, beugen.
хозя́йство: Wirtschaft; hier: ein Gut/einen Betrieb bewirtschaften.

Аркадина *(вспылив)*. Это старая история! В таком случае я сегодня же уезжаю в Москву. Прикажите нанять для меня лошадей в деревне, а то я уйду на станцию пешком!
Шамраев *(вспылив)*. В таком случае я отказываюсь от места! Ищите себе другого управляющего! *(Уходит.)*
Аркадина. Каждое лето так, каждое лето меня здесь оскорбляют! Нога моя здесь больше не будет!
Уходит влево, где предполагается купальня; через минуту видно, как она проходит в дом; за нею идет Тригорин с удочками и с ведром.
Сорин *(вспылив)*. Это нахальство! Это черт знает что такое! Мне это надоело, в конце концов. Сейчас же подать сюда всех лошадей!
Нина *(Полине Андреевне)*. Отказать Ирине Николаевне, знаменитой артистке! Разве всякое желание ее, даже каприз, не важнее вашего хозяйства? Просто невероятно!
Полина Андреевна *(в отчаянии)*. Что я могу? Войдите в мое положение: что я могу?
Сорин *(Нине)*. Пойдемте к сестре... Мы все будем умолять ее, чтобы она не уезжала. Не правда ли? *(Глядя по направлению, куда ушел Шамраев.)* Невыносимый человек! Деспот!
Нина *(мешая ему встать)*. Сидите, сидите... Мы вас довезем...
Она и Медведенко катят кресло.
О, как это ужасно!..
Сорин. Да, да, это ужасно... Но он не уйдет, я сейчас поговорю с ним.
Уходят; остаются только Дорн и Полина Андреевна.
Дорн. Люди скучны. В сущности следовало бы вашего мужа отсюда просто в шею, а ведь все кончится тем, что эта старая баба

наня́ть (v.): mieten.
отка́зываться (uv.) **от ме́ста:** kündigen. (отка́зываться: sich weigern, ablehnen, verzichten auf).
оскорбля́ть (uv.): beleidigen, kränken.
предполага́ться (unpers.,uv.): vermuten.
у́дочка: Angel.
наха́льство: Unverschämtheit.
пода́ть (-да́м, -да́шь; v.): heranschaffen.
капри́з: Laune.
невыноси́мый: unerträglich.
довезти́ (-везу́, -везёшь; v.): hinbringen, -fahren.

Петр Николаевич и его сестра попросят у него извинения. Вот увидите!

Полина Андреевна. Он и выездных лошадей послал в поле. И каждый день такие недоразумения. Если бы вы знали, как это волнует меня! Я заболеваю; видите, я дрожу... Я не выношу его грубости. *(Умоляюще.)* Евгений, дорогой, ненаглядный, возьмите меня к себе... Время наше уходит, мы уже не молоды, и хоть бы в конце жизни нам не прятаться, не лгать...

Пауза.

Дорн. Мне пятьдесят пять лет, уже поздно менять свою жизнь.

Полина Андреевна. Я знаю, вы отказываете мне, потому что, кроме меня, есть женщины, которые вам близки. Взять всех к себе невозможно. Я понимаю. Простите, я надоела вам.

Нина показывается около дома; она рвет цветы.

Дорн. Нет, ничего.

Полина Андреевна. Я страдаю от ревности. Конечно, вы доктор, вам нельзя избегать женщин. Я понимаю...

Дорн *(Нине, которая подходит)*. Как там?

Нина. Ирина Николаевна плачет, а у Петра Николаевича астма.

Дорн *(встает)*. Пойти дать обоим валериановых капель...

Нина *(подает ему цветы)*. Извольте!

Дорн. Merci bien. *(Идет к дому.)*

Полина Андреевна *(идя с ним)*. Какие миленькие цветы! *(Около дома, глухим голосом.)* Дайте мне эти цветы! Дайте мне эти цветы! *(Получив цветы, рвет их и бросает в сторону.)*

Оба идут в дом.

Нина *(одна)*. Как странно видеть, что известная артистка плачет, да еще по такому пустому поводу! И не странно ли, знаменитый писатель, любимец публики, о нем пишут во всех газетах, порт-

---

[вы́гнать] **в ше́ю:** rausschmeißen, davonjagen.
недоразуме́ние: Missverständnis.
заболева́ть (uv.): krank machen/werden.
ненагля́дный (umg.): herzallerliebster.
хоть бы (umg.): es wäre schön, wenn; wenn doch.
пря́таться (пря́чусь, пря́чешься; uv.): sich verstecken.
рвать (рву, рвёшь; uv.): (ab)pflücken.
ре́вность (f.): Eifersucht.
ми́ленький: nett, niedlich, hübsch.
по́вод: Anlass.

реты его продаются, его переводят на иностранные языки, а он целый день ловит рыбу и радуется, что поймал двух головлей. Я думала, что известные люди горды, неприступны, что они презирают толпу и своею славой, блеском своего имени как бы мстят ей за то, что она выше всего ставит знатность происхождения и богатство. Но они вот плачут, удят рыбу, играют в карты, смеются и сердятся, как все...

Треплев *(входит без шляпы, с ружьем и с убитою чайкой)*. Вы одни здесь?

Нина. Одна.

Треплев кладет у ее ног чайку.

Что это значит?

Треплев. Я имел подлость убить сегодня эту чайку. Кладу у ваших ног.

Нина. Что с вами? *(Поднимает чайку и глядит на нее.)*

Треплев *(после паузы)*. Скоро таким же образом я убью самого себя.

Нина. Я вас не узнаю.

Треплев. Да, после того, как я перестал узнавать вас. Вы изменились ко мне, ваш взгляд холоден, мое присутствие стесняет вас.

Нина. В последнее время вы стали раздражительны, выражаетесь все непонятно, какими-то символами. И вот эта чайка тоже, по-видимому, символ, но, простите, я не понимаю... *(Кладет чайку на скамью.)* Я слишком проста, чтобы понимать вас.

Треплев. Это началось с того вечера, когда так глупо провалилась моя пьеса. Женщины не прощают неуспеха. Я все сжег, все

го́ловль (m.), auch: голáвль (m.): Döbel, auch Aitel; eine Art Karpfen und beliebter Angelfisch.
непристу́пный: unzugänglich, unnahbar.
блеск: Glanz.
мстить (мщу, мстишь; uv.) за + Akk: sich rächen (für etwas).
зна́тность (f.): Berühmtheit, Angesehenheit.
уби́тый: getötet. (p.pt.p. von: уби́ть, убью́, убьёшь; v.: umbringen, töten).
по́длость (f.): Niedertracht.
стесня́ть (uv.): lästig werden, verwirren.
раздражи́тельный: gereizt, reizbar.
провали́ться (v.): durchfallen, scheitern, misslingen.
проща́ть (uv.): verzeihen.
сжечь (сожгу́, сожжёшь; Prät.: сжёг; v.): verbrennen.

до последнего клочка. Если бы вы знали, как я несчастлив! Ваше охлаждение страшно, невероятно, точно я проснулся и вижу вот, будто это озеро вдруг высохло или утекло в землю. Вы только что сказали, что вы слишком просты, чтобы понимать меня. О, что тут понимать?! Пьеса не понравилась, вы презираете мое вдохновение, уже считаете меня заурядным, ничтожным, каких много... *(Топнув ногой.)* Как это я хорошо понимаю, как понимаю! У меня в мозгу точно гвоздь, будь он проклят вместе с моим самолюбием, которое сосет мою кровь, сосет, как змея... *(Увидев Тригорина, который идет, читая книжку.)* Вот идет истинный талант; ступает, как Гамлет, и тоже с книжкой. *(Дразнит.)* «Слова, слова, слова...» Это солнце еще не подошло к вам, а вы уже улыбаетесь, взгляд ваш растаял в его лучах. Не стану мешать вам. *(Уходит быстро.)*

Тригорин *(записывая в книжку)*. Нюхает табак и пьет водку... Всегда в черном. Ее любит учитель...

Нина. Здравствуйте, Борис Алексеевич!

Тригорин. Здравствуйте. Обстоятельства неожиданно сложились так, что, кажется, мы сегодня уезжаем. Мы с вами едва ли

клочóк (G.: -кá): Fetzen, Schnipsel.
охлаждéние: Kälte, Kühle, Entfremdung.
вы́сохнуть (v.): ver-, austrocknen.
утéчь (утечёт, утеку́т; v.): auslaufen; versickern.
вдохновéние: Inspiration, Eingebung, Begeisterung.
зауря́дный: mittelmäßig.
ничтóжный: unbedeutend, nichtig.
тóпнуть (v.): stampfen.
мозг: Gehirn.
гвоздь (G.: гвоздя́): Nagel.
прокля́тый: verflucht.
самолю́бие: Ehrgeiz.
сосáть (сосу́, сосёшь; uv.): saugen.
змея́: Schlange.
дразни́ть (uv.): hänseln, spotten.
«Словá, словá, словá ...»: »Worte, Worte, Worte…«. Aus Shakespeares »Hamlet«: Hamlets Dialog mit Polonius (Akt II, 2. Szene): Polonius: »What do you read, my lord? – Hamlet: Words, words, words.« (Was leset ihr, mein Prinz? – Worte, Worte, Worte).
растáять (v.): auftauen, schmelzen.
луч: Strahl.
сложи́ться (-жу́сь, -óжишься; v.): sich fügen, sich bilden, sich gestalten.

еще увидимся когда-нибудь. А жаль. Мне приходится не часто встречать молодых девушек, молодых и интересных, я уже забыл и не могу себе ясно представить, как чувствуют себя в 18–19 лет, и потому у меня в повестях и рассказах молодые девушки обыкновенно фальшивы. Я бы вот хотел хоть один час побыть на вашем месте, чтобы узнать, как вы думаете и вообще что вы за штучка.

Нина. А я хотела бы побывать на вашем месте.

Тригорин. Зачем?

Нина. Чтобы узнать, как чувствует себя известный талантливый писатель. Как чувствуется известность? Как вы ощущаете то, что вы известны?

Тригорин. Как? Должно быть, никак. Об этом я никогда не думал. *(Подумав.)* Что-нибудь из двух: или вы преувеличиваете мою известность, или же вообще она никак не ощущается.

Нина. А если читаете про себя в газетах?

Тригорин. Когда хвалят, приятно, а когда бранят, то потом два дня чувствуешь себя не в духе.

Нина. Чудный мир! Как я завидую вам, если бы вы знали! Жребий людей различен. Одни едва влачат свое скучное, незаметное существование, все похожие друг на друга, все несчастные; другим же, как, например, вам, – вы один из миллиона, – выпала на долю жизнь интересная, светлая, полная значения... Вы счастливы...

Тригорин. Я? *(Пожимая плечами.)* Гм... Вы вот говорите об известности, о счастье, о какой-то светлой, интересной жизни, а для меня все эти хорошие слова, простите, все равно что мармелад, которого я никогда не ем. Вы очень молоды и очень добры.

Нина. Ваша жизнь прекрасна!

прихóдится (uv.) **не чáсто:** es kommt nicht oft vor.
фальши́вый: falsch, nicht echt.
штýчка: Dim. zu штýка (umg.): Stück, Ding, Erscheinung, Wesen.
ощущáть (uv.): fühlen, empfinden.
преувели́чивать (uv.): übertreiben.
брани́ть (uv.): schelten, beschimpfen, tadeln.
жрéбий (m.): Los, Schicksal.
влачи́ть (uv.) **существовáние:** Dasein fristen.
выпáть (uv.) **на дóлю:** zuteil werden. (доля: Teil, Anteil; Schicksal).
всё равнó что: so gut wie.

Тригорин. Что же в ней особенно хорошего? *(Смотрит на часы.)* Я должен сейчас идти и писать. Извините, мне некогда... *(Смеется.)* Вы, как говорится, наступили на мою самую любимую мозоль, и вот я начинаю волноваться и немного сердиться. Впрочем, давайте говорить. Будем говорить о моей прекрасной, светлой жизни... Ну-с, с чего начнем? *(Подумав немного.)* Бывают насильственные представления, когда человек день и ночь думает, например, все о луне, и у меня есть своя такая луна. День и ночь одолевает меня одна неотвязчивая мысль: я должен писать, я должен писать, я должен... Едва кончил повесть, как уже почему-то должен писать другую, потом третью, после третьей четвертую... Пишу непрерывно, как на перекладных, и иначе не могу. Что же тут прекрасного и светлого, я вас спрашиваю? О, что за дикая жизнь! Вот я с вами, я волнуюсь, а между тем каждое мгновение помню, что меня ждет неоконченная повесть. Вижу вот облако, похожее на рояль. Думаю: надо будет упомянуть где-нибудь в рассказе, что плыло облако, похожее на рояль. Пахнет гелиотропом. Скорее мотаю на ус: приторный запах, вдовий цвет,

---

мне не́когда: ich habe keine Zeit.
наступи́ть (v.) **... мозо́ль** (umg.): einen wunden Punkt berühren (мозо́ль, f.: Schwiele, Hühnerauge).
ну-с: Mit der veralteten Partikel –с (entstanden aus *сударь* »Herr«) wurde einst Höflichkeit und Ehrerbietung ausgedrückt.
наси́льственное представле́ние: Zwangsvorstellung.
одолева́ть (uv.): sich bemächtigen, überwältigen.
неотвя́зчивая мысль: Idée fixe (неотвя́зчивый: aufdringlich).
как уже́ почему́-то (umg.): aus irgendeinem bestimmten Grund.
на перекладны́х (alt.): hier: ohne Pause, immerwährend, unentwegt, unaufhaltsam. Mit *перекладна́я* meinte man im vorrevolutionären Russland einen Postwagen, der zusammen mit den Zugpferden an jeder Poststation ausgewechselt wurde (vgl.: перекла́дывать, uv.: anderswo hinlegen; umpacken, -stapeln).
ди́кий: wild, unsinnig, absurd.
мгнове́ние: Augenblick, Moment.
по́весть (f.): längere Erzählung; Novelle; Kurzroman.
гелиотро́п: Heliotrop, auch Sonnenwende oder Vanilleblume mit violett-blauen, angenehm duftenden Blüten.
мота́ть на ус (umg.): sich hinter die Ohren schreiben. (мота́ть, uv.: wickeln, aufspulen; ус/усы́: Schnurrbart).
при́торный: widerlich süß.
вдо́вий цвет: Witwenfarbe. Fliederviolett, lila wird die Eigenschaft von Einsamkeit und Trauer zugeschrieben. Der russische Volksglauben warnt vor lilafarbenen Tönen bei Hochzeiten.

упомянуть при описании летнего вечера. Ловлю себя и вас на каждой фразе, на каждом слове и спешу скорее запереть все эти фразы и слова в свою литературную кладовую: авось пригодится! Когда кончаю работу, бегу в театр или удить рыбу; тут бы и отдохнуть, забыться, ан – нет, в голове уже ворочается тяжелое чугунное ядро – новый сюжет, и уже тянет к столу, и надо спешить опять писать и писать. И так всегда, всегда, и нет мне покоя от самого себя, и я чувствую, что съедаю собственную жизнь, что для меда, который я отдаю кому-то в пространство, я обираю пыль с лучших своих цветов, рву самые цветы и топчу их корни. Разве я не сумасшедший? Разве мои близкие и знакомые держат себя со мною, как со здоровым? «Что пописываете? Чем нас подарите?» Одно и то же, одно и то же, и мне кажется, что это внимание знакомых, похвалы, восхищение, – все это обман, меня обманывают, как больного, и я иногда боюсь, что вот-вот подкрадутся ко мне сзади, схватят и повезут, как Поприщина, в су-

---

лови́ть (ловлю́, ло́вишь; uv.): auffangen.
запере́ть (запру́, -ёшь; v.): einschließen.
литерату́рная кладова́я: literarische Vorratskammer.
аво́сь (part., umg.): vielleicht.
пригоди́ться (-гожу́сь, -годи́шься; v.): von Nutzen sein, brauchen.
воро́чаться (uv.): wälzen, sich drehen.
чугу́нное ядро́: Eisenkern.
съеда́ть (uv.): verschlingen, auffressen, ruinieren.
простра́нство: Raum; Land.
обира́ть (uv.): ausnehmen, ausplündern.
топта́ть (топчу́, то́пчешь; uv.): zertreten, zertrampeln.
держа́ть (uv.) **себя́:** sich benehmen, sich verhalten.
попи́сывать (uv., umg.): hinschreiben.
похвала́: Lob.
восхище́ние: Entzücken.
подкра́сться (подкраду́сь, -дёшься; v.): heranschleichen.
схвати́ть (схвачу́, схва́тишь; v.): packen.
Попри́щин: Anspielung auf Nikolaj Gogol's (1809–52) Erzählung *Aufzeichnungen eines Wahnsinnigen (Запи́ски сумасше́дшего*, 1835). Der kleine Beamte Popriščin erfährt aus der phantastischen Korrespondenz von den Hunden seiner angebeteten, aber unerreichbaren Direktorstochter, dass diese einen Kammerjunker heiraten wird und nur Verachtung für Popriščin empfindet. Darüber wird er wahnsinning und endet in einem Irrenhaus, wo er, sich als König von Spanien wähnend, seine Tagebuchaufzeichnungen weiterführt. – Diese Anspielung verwendet Čechov auch im Drama »Tri sestry«.
сумасше́дший дом: Irrenhaus, -anstalt.

масшедший дом. А в те годы, в молодые, лучшие годы, когда я начинал, мое писательство было одним сплошным мучением. Маленький писатель, особенно когда ему не везет, кажется себе неуклюжим, неловким, лишним, нервы у него напряжены, издерганы; неудержимо бродит он около людей, причастных к литературе и к искусству, непризнанный, никем не замечаемый, боясь прямо и смело глядеть в глаза, точно страстный игрок, у которого нет денег. Я не видел своего читателя, но почему-то в моем воображении он представлялся мне недружелюбным, недоверчивым. Я боялся публики, она была страшна мне, и когда мне приходилось ставить свою новую пьесу, то мне казалось всякий раз, что брюнеты враждебно настроены, а блондины холодно равнодушны. О, как это ужасно! Какое это было мучение!

Нина. Позвольте, но разве вдохновение и самый процесс творчества не дают вам высоких, счастливых минут?

Тригорин. Да. Когда пишу, приятно. И корректуру читать приятно, но... едва вышло из печати, как я не выношу, и вижу уже, что оно не то, ошибка, что его не следовало бы писать вовсе, и мне досадно, на душе дрянно... *(Смеясь.)* А публика читает: «Да, мило, талантливо... Мило, но далеко до Толстого», или: «Пре-

---

сплошно́й: ununterbrochen, völlig, absolut.
муче́ние: Qual.
ему́ не везёт: er hat Pech (везти́, uv., unpers.: Glück haben).
неуклю́жий: plump, ungeschickt, tölpelhaft.
нело́вкий: ungeschickt, unbeholfen, linkisch.
ли́шний: überflüssig.
напряжённый: angespannt. p.pt.p. von напря́чь (напрягу́, -яжёшь; v.).
издёргать (v.) **не́рвы**: die Nerven überreizen.
неудержи́мый: unaufhaltsam, unwiderstehlich.
броди́ть (брожу́, бро́дишь; uv.): huschen, (herum-)streifen, -schleichen
прича́стный к + Dat.: beteiligt, zu tun habend.
непри́знанный: verkannt, nicht anerkannt.
сме́лый: mutig, kühn.
стра́стный: leidenschaftlich.
недружелю́бный: unfreundlich, feindselig.
недове́рчивый: misstrauisch.
вражде́бный: feindlich.
настро́енный: eingestellt. p.pt.p. von: настро́ить (v.): stimmen; für sich einnehmen.
выноси́ть (-ошу́, -о́сишь; uv.): aushalten, ertragen.
на душе́ дря́нно: sich elend fühlen. (дрянно́й: schlecht, elend).

красная вещь, но „Отцы и дети" Тургенева лучше». И так до гробовой доски все будет только мило и талантливо, мило и талантливо – больше ничего, а как умру, знакомые, проходя мимо могилы, будут говорить: «Здесь лежит Тригорин. Хороший был писатель, но он писал хуже Тургенева».

Нина. Простите, я отказываюсь понимать вас. Вы просто избалованы успехом.

Тригорин. Каким успехом? Я никогда не нравился себе. Я не люблю себя как писателя. Хуже всего, что я в каком-то чаду и часто не понимаю, что я пишу... Я люблю вот эту воду, деревья, небо, я чувствую природу, она возбуждает во мне страсть, непреодолимое желание писать. Но ведь я не пейзажист только, я ведь еще гражданин, я люблю родину, народ, я чувствую, что если я писатель, то я обязан говорить о народе, об его страданиях, об его будущем, говорить о науке, о правах человека и прочее и прочее, и я говорю обо всем, тороплюсь, меня со всех сторон подгоняют, сердятся, я мечусь из стороны в сторону, как лисица, затравленная псами, вижу, что жизнь и наука все уходят вперед и вперед, а я все отстаю и отстаю, как мужик, опоздавший на поезд, и, в конце концов, чувствую, что я умею писать только пейзаж, а во всем остальном я фальшив и фальшив до мозга костей.

Нина. Вы заработались, и у вас нет времени и охоты сознать свое значение. Пусть вы недовольны собою, но для других вы ве-

---

Отцы́ и де́ти: Der kontrovers diskutierte Roman *Väter und Söhne* (1862) von Ivan Turgenev (1818–1882) zeichnet in dem radikal denkenden Naturwissenschaftler und Materialisten Evgenij Bazarov den damals neuen Typus des Positivisten und Nihilisten, der sich gegen die idealistische Vätergeneration auflehnt, und setzt sich mit der gesellschaftlichen Konfrontation zwischen den liberalen Slavophilen und westlich orientierten Nihilisten auseinander.

до гробово́й доски́ (umg.): bis zum Tod.

избалова́нный: verwöhnt. p.pt.p. zu: избалова́ть (v.): verwöhnen.

чад: Rausch, Verblendung, Verzückung.

пейзажи́ст: Landschaftsmaler.

торопи́ться (тороплю́сь, -о́пишься; uv.): eilen, hasten, hetzen.

подгоня́ть (uv.; umg.): (an)treiben.

ме́титься (ме́чусь, ме́тишься; uv.): zielen; hier: jagen, rennen.

лиси́ца: Fuchs.

затрави́ть (-авлю́, -а́вишь; v.): hetzen, jagen, auf den Fersen sein.

пёс (G.: пса): Hund.

до мозга костей: bis ins Mark (кость, f.: Knochen).

зарабо́таться (v., umg.): erschöpft sein, überarbeitet sein.

лики и прекрасны! Если бы я была таким писателем, как вы, то я отдала бы толпе всю свою жизнь, но сознавала бы, что счастье ее только в том, чтобы возвышаться до меня, и она возила бы меня на колеснице.

Т р и г о р и н. Ну, на колеснице... Агамемнон я, что ли?

Оба улыбнулись.

Н и н а. За такое счастье, как быть писательницей или артисткой, я перенесла бы нелюбовь близких, нужду, разочарование, я жила бы под крышей и ела бы только ржаной хлеб, страдала бы от недовольства собою, от сознания своих несовершенств, но зато бы уж я потребовала славы... настоящей, шумной славы... *(Закрывает лицо руками.)* Голова кружится... Уф!..

Г о л о с А р к а д и н о й *(из дому)*: «Борис Алексеевич!»

Т р и г о р и н. Меня зовут... Должно быть, укладываться. А не хочется уезжать. *(Оглядывается на озеро.)* Ишь ведь какая благодать!.. Хорошо!

Н и н а. Видите на том берегу дом и сад?

Т р и г о р и н. Да.

Н и н а. Это усадьба моей покойной матери. Я там родилась. Я всю жизнь провела около этого озера и знаю на нем каждый островок.

Т р и г о р и н. Хорошо у вас тут! *(Увидев чайку.)* А это что?

Н и н а. Чайка. Константин Гаврилыч убил.

Т р и г о р и н. Красивая птица. Право, не хочется уезжать. Вот уговорите-ка Ирину Николаевну, чтобы она осталась. *(Записывает в книжку.)*

возвыша́ться (uv.): sich erheben, emporschwingen.
вози́ть (unb., uv.): fahren, holen, kutschieren, chauffieren.
колесни́ца: Triumphwagen.
Агаме́мнон: Agamemnon, in Homers *Ilias* beschrieben, war König von Mykene, Oberbefehlshaber der griechischen Fürsten gegen Troja.
нелюбо́вь: Abneigung, Hass.
нужда́: Not.
разочарова́ние: Enttäuschung.
ржано́й хлеб: Roggenbrot, Schwarzbrot.
недово́льство: Unzufriedenheit.
укла́дываться: Sachen/Koffer packen.
ишь ведь (Int., umg.): ach, was ist das doch.
благода́ть (f.): Wonne, Herrlichkeit, Hochgefühl, Entzücken, Genuss.
острово́к: Dim. zu о́стров: kleine Insel.

Нина. Что это вы пишете?

Тригорин. Так, записываю... Сюжет мелькнул... *(Пряча книжку.)* Сюжет для небольшого рассказа: на берегу озера с детства живет молодая девушка, такая, как вы; любит озеро, как чайка, и счастлива, и свободна, как чайка. Но случайно пришел человек, увидел и от нечего делать погубил ее, как вот эту чайку.

Пауза.

В окне показывается Аркадина.

Аркадина. Борис Алексеевич, где вы?

Тригорин. Сейчас! *(Идет и оглядывается на Нину; у окна, Аркадиной.)* Что?

Аркадина. Мы остаемся.

Тригорин уходит в дом.

Нина *(подходит к рампе; после некоторого раздумья).* Сон!

Занавес

уговори́те-ка: überreden Sie doch. Die Partikel –ка (etwa: mal, doch) mildert einen Befehl bzw. drückt einen Wunsch aus.

мелькну́ть (v.): aufblitzen, auftauchen, plötzlich einfallen.

пря́ча: g.pr.a. von: пря́тать (uv.): einstecken.

Действие третье

Столовая в доме Сорина. Направо и налево двери. Буфет. Шкап с лекарствами. Посреди комнаты стол. Чемодан и картонки; заметны приготовления к отъезду. Тригорин завтракает, Маша стоит у стола.

Маша. Все это я рассказываю вам, как писателю. Можете воспользоваться. Я вам по совести: если бы он ранил себя серьезно, то я не стала бы жить ни одной минуты. А все же я храбрая. Вот взяла и решила: вырву эту любовь из своего сердца, с корнем вырву.

Тригорин. Каким же образом?

Маша. Замуж выхожу. За Медведенка.

Тригорин. Это за учителя?

Маша. Да.

Тригорин. Не понимаю, какая надобность.

Маша. Любить безнадежно, целые годы все ждать чего-то... А как выйду замуж, будет уже не до любви, новые заботы заглушат все старое. И все-таки, знаете ли, перемена. Не повторить ли нам?

Тригорин. А не много ли будет?

Маша. Ну, вот! *(Наливает по рюмке.)* Вы не смотрите на меня так. Женщины пьют чаще, чем вы думаете. Меньшинство пьет открыто, как я, а большинство тайно. Да. И всё водку или коньяк. *(Чокается.)* Желаю вам! Вы человек простой, жалко с вами расставаться.

Пьют.

шкап (alt.) = шкаф (Schrank).
заме́тный: merklich, bemerkbar; hier: offensichtlich.
Я вам по сове́сти (umg.): Ich sage Ihnen ganz ehrlich; im Ernst.
хра́брый: tapfer, mutig; hier: ehrlich.
вот взяла́ и реши́ла (umg.): und so habe ich den Entschluss gefasst.
вы́рвать (вы́рву, -вешь; v.): (heraus)reißen.
ко́рень (ко́рня, m.): Wurzel.
на́добность (f.): Notwendigkeit, Bedarf.
бу́дет уже́ не до любви́ (umg.): wird es sich nicht mehr um Liebe drehen.
заглуши́ть (v.): betäuben, ersticken, unterdrücken.
не повтори́ть ли нам? (umg.): Wollen wir noch einen zu uns nehmen?
налива́ть (uv.) **по рю́мке:** einschenken; jeweils ein Glas füllen (рю́мка).
чо́каться (uv.): anstoßen.
жела́ю вам! (umg.): Auf Ihr Wohl! – Ich wünsch' Ihnen was!

Тригорин. Мне самому не хочется уезжать.

Маша. А вы попросите, чтобы она осталась.

Тригорин. Нет, теперь не останется. Сын ведет себя крайне бестактно. То стрелялся, а теперь, говорят, собирается меня на дуэль вызвать. А чего ради? Дуется, фыркает, проповедует новые формы... Но ведь всем хватит места, и новым и старым, – зачем толкаться?

Маша. Ну, и ревность. Впрочем, это не мое дело.

Пауза.

Яков проходит слева направо с чемоданом; входит Нина и останавливается у окна.

Мой учитель не очень-то умен, но добрый человек и бедняк, и меня сильно любит. Его жалко. И его мать старушку жалко. Ну-с, позвольте пожелать вам всего хорошего. Не поминайте лихом. *(Крепко пожимает руку.)* Очень вам благодарна за ваше доброе расположение. Пришлите же мне ваши книжки, непременно с автографом. Только не пишите «многоуважаемой», а просто так: «Марье, родства не помнящей, неизвестно для чего живущей на этом свете». Прощайте! *(Уходит.)*

Нина *(протягивая в сторону Тригорина руку, сжатую в кулак)*. Чёт или нечет?

Тригорин. Чёт.

Нина *(вздохнув)*. Нет. У меня в руке только одна горошина. Я загадала: идти мне в актрисы или нет? Хоть бы посоветовал кто.

кра́йне (adv.): äußerst, sehr.
то стреля́лся (umg.): erst wollte er sich erschießen.
на ду́эль (f.) **вы́звать** (вы́зову, -зовешь, v.): zum Duell fordern.
ду́ться (umg., uv.): schmollen, murren.
фы́ркать (uv.): (wie ein Pferd) schnauben; fauchen; losplatzen.
пропове́довать (-дую, -дуешь; uv.): predigen, verkündigen.
толка́ться (uv.): sich dränge(l)n.
ре́вность (f.): Eifersucht.
бедня́к: armer Teufel/Schlucker.
не помина́йте ли́хом: halten Sie mich in guter Erinnerung, denken Sie nicht schlecht von mir. (помина́ть, uv.: gedenken; лихо́й, umg.: böse, übel).
расположе́ние: Zuneigung, Freundlichkeit, Aufmerksamkeit, offenes Ohr, Wohlwollen, Verständnis.
авто́граф: Autogramm, Widmung.
родство́: Verwandtschaft.
сжа́тый: p.pt.p zu: **сжать** (сожму́, -мёшь; v.) **в кула́к:** zur Faust ballen.
чёт или не́чет (umg.): gerade oder ungerade (Zahl).

Т р и г о р и н. Тут советовать нельзя.

Пауза.

Н и н а. Мы расстаемся и... пожалуй, более уже не увидимся. Я прошу вас принять от меня на память вот этот маленький медальон. Я приказала вырезать ваши инициалы... а с этой стороны название вашей книжки: «Дни и ночи».

Т р и г о р и н. Как грациозно! *(Целует медальон.)* Прелестный подарок!

Н и н а. Иногда вспоминайте обо мне.

Т р и г о р и н. Я буду вспоминать. Я буду вспоминать вас, какою вы были в тот ясный день – помните? – неделю назад, когда вы были в светлом платье... мы разговаривали... еще тогда на скамье лежала белая чайка.

Н и н а *(задумчиво)*. Да, чайка...

Пауза.

Больше нам говорить нельзя, сюда идут... Перед отъездом дайте мне две минуты, умоляю вас... *(Уходит влево.)*

Одновременно входят справа А р к а д и н а, С о р и н во фраке со звездой, потом Я к о в, озабоченный укладкой.

А р к а д и н а. Оставайся-ка, старик, дома. Тебе ли с твоим ревматизмом разъезжать по гостям? *(Тригорину.)* Это кто сейчас вышел? Нина?

Т р и г о р и н. Да.

А р к а д и н а. Pardon, мы помешали... *(Садится.)* Кажется, все уложила. Замучилась.

Т р и г о р и н *(читает на медальоне)*. «Дни и ночи», страница 121, строки 11 и 12.

Я к о в *(убирая со стола)*. Удочки тоже прикажете уложить?

горо́шина: Erbse. Die Erbse gilt als Symbol der Wahl, der Freude und des Überflusses; traditionell gilt sie als ein Zeichen für Fruchtbarkeit und Kinderreichtum.
загада́ть (v.): ein Rätsel aufgeben; befragen; erfahren wollen.
вы́резать (вы́режу, -жешь; v.): eingravieren.
грацио́зный: anmutig, hübsch, entzückend.
озабо́ченный: p.pt.p von: озабо́тить (-о́чу, -о́тишь; v.): kümmern um.
укла́дка: (Ver)Packen.
разъезжа́ть (uv.) **по гостя́м:** herumreisen und Besuche machen.
уложи́ть (v.): hier: einpacken.
заму́читься (v.): sich quälen; fertig/erledigt/kaputt sein.
убира́ть (uv.) **со стола́:** (den Tisch) abdecken.

Тригорин. Да, они мне еще понадобятся. А книги отдай кому-нибудь.
Яков. Слушаю.
Тригорин *(про себя)*. Страница 121, строки 11 и 12. Что же в этих строках? *(Аркадиной.)* Тут в доме есть мои книжки?
Аркадина. У брата в кабинете, в угловом шкапу.
Тригорин. Страница 121... *(Уходит.)*
Аркадина. Право, Петруша, остался бы дома...
Сорин. Вы уезжаете, без вас мне будет тяжело дома.
Аркадина. А в городе что же?
Сорин. Особенного ничего, но все же. *(Смеется.)* Будет закладка земского дома и все такое... Хочется хоть на час-другой воспрянуть от этой пискариной жизни, а то очень уж я залежался, точно старый мундштук. Я приказал подавать лошадей к часу, в одно время и выедем.

понáдобиться (-блюсь, -бишься; v.): benötigt werden, nötig sein.
угловóй шкап: Eckschrank.
Петрýша: Kosename für Pëtr (Nikolaevič Sorin), den Bruder der Arkadina.
заклáдка: Grundsteinlegung.
зéмский дом: hier: Amtsgebäude der Zémstvo. Nach der Aufhebung der Leibeigenschaft (1861) wurde 1864 im Zusammenhang mit liberalen Reformen eine teilweise Selbstverwaltung des Landes auf Kreis- und Gouvernementsebene eingeführt, um die staatliche Verwaltung zu dezentralisieren. Die lokalen Selbstverwaltungsorgane setzten sich aus Vertretern des Provinzadels, der Stadtbewohner und Bauern zusammen und waren für die Infrastruktur, soziale Belange und für die Förderung des Gesundheits- und Bildungswesens verantwortlich. Die Aufgaben der Zemstvo wurden vor allen von der russischen Intelligenz argwöhnisch betrachtet. 1890 wurde der Zuständigkeitsbereich der *земство* stark eingeschränkt.
и всё тáкое (umg.): und so was.
хóчется хоть (umg.): ich möchte zum Beispiel mal.
на час-другóй (umg.): für ein-zwei Stunden.
воспря́нуть (v., alt.): Auftrieb bekommen, auftauchen.
пискари́ная жизнь: hier: Leben eines Gründlings; übertr.: Leben unter Wasser. пискáрь (m.): Gründling, »gesellig lebender Karpenfisch« (Wikipedia).
залежáться (-жýсь, -жи́шься; v.): (zu) lange liegen bleiben.
мундштýк: Mundstück; Zigarettenspitze; Kandare (= Gebissstück, Zaumzeug im Pferdesport). Das hier von Čechov benutzte Bild kann verschiedenartig übertragen werden, etwa: eingerostet wie eine alte Kandare; verschlissen wie eine alte Zigarettenspitze.
подавáть (uv.) **лошадéй:** Pferde anspannen. (лóшадь, f.).
к чáсу: um ein Uhr.

Аркадина *(после паузы)*. Ну, живи тут, не скучай, не простуживайся. Наблюдай за сыном. Береги его. Наставляй.
Пауза.
Вот уеду, так и не буду знать, отчего стрелялся Константин. Мне кажется, главной причиной была ревность, и чем скорее я увезу отсюда Тригорина, тем лучше.
Сорин. Как тебе сказать? Были и другие причины. Понятная вещь, человек молодой, умный, живет в деревне, в глуши, без денег, без положения, без будущего. Никаких занятий. Стыдится и боится своей праздности. Я его чрезвычайно люблю, и он ко мне привязан, но все же, в конце концов, ему кажется, что он лишний в доме, что он тут нахлебник, приживал. Понятная вещь, самолюбие...
Аркадина. Горе мне с ним! *(В раздумье.)* Поступить бы ему на службу, что ли...
Сорин *(насвистывает, потом нерешительно)*. Мне кажется, было бы самое лучшее, если бы ты... дала ему немного денег. Прежде всего ему нужно одеться по-человечески и все. Посмотри, один и тот же сюртучишко он таскает три года, ходит без пальто... *(Смеется.)* Да и погулять малому не мешало бы... Поехать за границу, что ли... Это ведь не дорого стоит.
Аркадина. Все-таки... Пожалуй, на костюм я еще могу, но чтоб за границу... Нет, в настоящее время и на костюм не могу. *(Решительно.)* Нет у меня денег!

простýживаться (uv., alt.) = простужáться (uv.): sich erkälten.
наблюдáть (uv.) **за** + Instr.: aufpassen, achtgeben.
наставля́ть (uv.): beibringen, lehren, leiten, zur Seite stehen.
в глýши: in der Einöde. (глушь, f.)
положéние: gesellschaftliche/berufliche Stellung.
стыди́ться (стыжýсь, стыди́шься; uv.): sich schämen, sich genieren.
прáздность (f.): Untätigkeit, Nichtstun, Nutzlosigkeit.
привя́занный: zugetan, anhänglich.
нахлéбник (umg.): Schmarotzer.
приживáл: Schnorrer; Parasit, Nassauer.
поступи́ть (v.) **бы емý на слýжбу, что ли** (umg.): vielleicht sollte er Beamter werden oder so.
насви́стывать (uv.): vor sich hin pfeifen.
сюртýчишко: Dim. zu сюртýк: Gehrock, Jackett.
таскáть (uv., umg.): tragen, anhaben.
погуля́ть (v.): spazieren gehen; Spaß/Pläsier haben.
мáлый (umg.): der Kleine, Bursche, Junge.

Сорин смеется.

Нет!

Сорин *(насвистывает)*. Так-с. Прости, милая, не сердись. Я тебе верю... Ты великодушная, благородная женщина.

Аркадина *(сквозь слезы)*. Нет у меня денег!

Сорин. Будь у меня деньги, понятная вещь, я бы сам дал ему, но у меня ничего нет, ни пятачка. *(Смеется.)* Всю мою пенсию у меня забирает управляющий и тратит на земледелие, скотоводство, пчеловодство, и деньги мои пропадают даром. Пчелы дохнут, коровы дохнут, лошадей мне никогда не дают...

Аркадина. Да, у меня есть деньги, но ведь я артистка; одни туалеты разорили совсем.

Сорин. Ты добрая, милая... Я тебя уважаю... Да... Но опять со мною что-то того... *(Пошатывается.)* Голова кружится. *(Держится за стол.)* Мне дурно и все.

Аркадина *(испуганно)*. Петруша! *(Стараясь поддержать его.)* Петруша, дорогой мой... *(Кричит.)* Помогите мне! Помогите!..

Входят Треплев с повязкой на голове, Медведенко.

Ему дурно!

Сорин. Ничего, ничего... *(Улыбается и пьет воду.)* Уже прошло... и все...

Треплев *(матери)*. Не пугайся, мама, это не опасно. С дядей теперь это часто бывает. *(Дяде.)* Тебе, дядя, надо полежать.

Сорин. Немножко, да... А все-таки в город я поеду... Полежу и поеду... понятная вещь... *(Идет, опираясь на трость.)*

Медведенко *(ведет его под руку)*. Есть загадка: утром на четырех, в полдень на двух, вечером на трех...

великоду́шный: großzügig.
благоро́дный: edelmütig, großmütig, unschätzbar, unvergleichlich.
пятачо́к (umg., alt.): Fünfkopekenstück.
земледе́лие: Ackerbau, Landwirtschaft.
скотово́дство: Viehzucht.
пчелово́дство: Bienenzucht, Imkerei.
де́ньги мои́ пропада́ют да́ром (uv., umg.): mein Geld geht drauf für nichts und wieder nichts. (пропада́ть да́ром: draufgehen, verlorengehen).
до́хнуть (v., umg.): krepieren.
разори́ть (v.): ruinieren.
поша́тываться (uv.): torkeln, taumeln.
повя́зка: Verband.

Сорин *(смеется)*. Именно. А ночью на спине. Благодарю вас, я сам могу идти...

Медведенко. Ну вот, церемонии!..

Он и Сорин уходят.

Аркадина. Как он меня напугал!

Треплев. Ему нездорово жить в деревне. Тоскует. Вот если бы ты, мама, вдруг расщедрилась и дала ему взаймы тысячи полторы-две, то он мог бы прожить в городе целый год.

Аркадина. У меня нет денег. Я актриса, а не банкирша.

Пауза.

Треплев. Мама, перемени мне повязку. Ты это хорошо делаешь.

Аркадина *(достает из аптечного шкапа иодоформ и ящик с перевязочным материалом)*. А доктор опоздал.

Треплев. Обещал быть к десяти, а уже полдень.

Аркадина. Садись. *(Снимает у него с головы повязку.)* Ты как в чалме. Вчера один приезжий спрашивал на кухне, какой ты национальности. А у тебя почти совсем зажило. Остались самые пустяки. *(Целует его в голову.)* А ты без меня опять не сделаешь чик-чик?

Треплев. Нет, мама. То была минута безумного отчаяния, когда я не мог владеть собою. Больше это не повторится. *(Целует ей руку.)* У тебя золотые руки. Помню, очень давно, когда ты еще служила на казенной сцене, – я тогда был маленьким, – у нас во дворе была драка, сильно побили жилицу-прачку. Помнишь? Ее

зага́дка: Rätsel. Anspielung auf das Rätsel der Sphinx, das als einziger König Ödipus enträtseln konnte. (Antwort: der Mensch).

Ну вот, церемо́нии! (umg.): Hier: Nun, machen Sie keine Umstände; stellen Sie sich nicht so an.

расще́дриться (umg., iron., v.): sich freigebig zeigen, in Spendierlaune sein.

дать (v.) **взаймы́:** (ver)leihen.

банки́рша: Bankangestellte.

перевя́зочный материа́л: Verbandszeug.

чалма́: Turban.

прие́зжий: Fremder.

зажи́ть (v.): zu-, verheilen.

пустяки́ (Pl.): Bagatelle, Kleinigkeiten.

чик-чик (umg.): piff-paff; peng-peng.

казённая сцена́: hier: Kaiserliches Theater (казённый: Staats-).

дра́ка: Schlägerei.

поби́ть (-бью́, -бьёшь; v.): schlagen, prügeln.

жили́ца-пра́чка: die Waschfrau/Wäscherin aus unserem Haus. (жили́ца: Mieterin).

подняли без чувств... ты все ходила к ней, носила лекарства, мыла в корыте ее детей. Неужели не помнишь?

Аркадина. Нет. *(Накладывает новую повязку.)*

Треплев. Две балерины жили тогда в том же доме, где мы... Ходили к тебе кофе пить...

Аркадина. Это помню.

Треплев. Богомольные они такие были.

Пауза.

В последнее время, вот в эти дни, я люблю тебя так же нежно и беззаветно, как в детстве. Кроме тебя, теперь у меня никого не осталось. Только зачем, зачем между мной и тобой стал этот человек.

Аркадина. Ты не понимаешь его, Константин. Это благороднейшая личность...

Треплев. Однако, когда ему доложили, что я собираюсь вызвать его на дуэль, благородство не помешало ему сыграть труса. Уезжает. Позорное бегство!

Аркадина. Какой вздор! Я сама увожу его отсюда. Наша близость, конечно, не может тебе нравиться, но ты умен и интеллигентен, я имею право требовать от тебя, чтобы ты уважал мою свободу.

Треплев. Я уважаю твою свободу, но и ты позволь мне быть свободным и относиться к этому человеку как я хочу. Благороднейшая личность! Вот мы с тобою почти ссоримся из-за него, а он теперь где-нибудь в гостиной или в саду смеется надо мной и над тобой, развивает Нину, старается окончательно убедить ее, что он гений.

Аркадина. Для тебя наслаждение говорить мне неприятности. Я уважаю этого человека и прошу при мне не выражаться о нем дурно.

подня́ть (-ниму́, -нимешь; v.): auf-, hochheben.
коры́то: Waschtrog.
богомо́льный: fromm.
беззаве́тный: selbstlos, grenzenlos, uneingeschränkt.
доложи́ть (v.): berichten, zu-, hintertragen, zustecken.
позо́рный: schändlich, schmachvoll, miserabel, verwerflich.
ссо́риться (uv.) **с** + Instr.: sich entzweien, (zer)streiten, zanken.
развива́ть (uv.): trainieren, bestärken; hier: ihr Talent fördern.
при мне: in meiner Gegenwart/Anwesenheit. (при + Präp.: an, bei).

Треплев. А я не уважаю. Ты хочешь, чтобы я тоже считал его гением, но, прости, я лгать не умею, от его произведений мне претит.

Аркадина. Это зависть. Людям не талантливым, но с претензиями, ничего больше не остается, как порицать настоящие таланты. Нечего сказать, утешение!

Треплев *(иронически)*. Настоящие таланты! *(Гневно.)* Я талантливее вас всех, коли на то пошло! *(Срывает с головы повязку.)* Вы, рутинеры, захватили первенство в искусстве и считаете законным и настоящим лишь то, что делаете вы сами, а остальное вы гнетете и душите! Не признаю я вас! Не признаю ни тебя, ни его!

Аркадина. Декадент!..

Треплев. Отправляйся в свой милый театр и играй там в жалких, бездарных пьесах!

Аркадина. Никогда я не играла в таких пьесах. Оставь меня! Ты и жалкого водевиля написать не в состоянии. Киевский мещанин! Приживал!

Треплев. Скряга!

Аркадина. Оборвыш!

Треплев садится и тихо плачет.

мне прети́т (unpers., uv.): es widert/ekelt mich an.
порица́ть (uv.): tadeln, schlecht/nieder machen, abkanzeln, schmähen.
утеше́ние: Trost.
ко́ли на то́ пошло́ (umg.): wenn es sein muss; wenn es darauf ankommt. (ко́ли, Konj.: wenn, falls).
срыва́ть (uv.): (ab-, herunter-) reißen.
рутине́р: Routinier.
пе́рвенство: Primat, Vorrang, Vorherrschaft, Vormachtstellung, Dominanz.
зако́нный: legitim.
гнести́ (гнету́, -тёшь; uv.): be-, unterdrücken
души́ть (uv.): abwürgen, unterdrücken, ersticken.
жа́лкий: armselig, kläglich., jämmerlich, miserabel.
безда́рный: talentlos, stümperhaft.
водеви́ль (m.): Vaudeville. Auf Unterhaltung hin angelegtes, temporeiches, ursprünglich in Frankreich entstandenes kurzes Einaktdrama mit Liedeinlagen. Die von Schriftstellern, Schauspielern und Journalisten verfassten, äußerst populären russischen Vaudevilles bearbeiteten bzw. ahmten französische Vorbilder nach und stellten u. a. mit satirischen und sprachlichen Effekten die Denk- und Lebensweise. des Adels bzw. Bürgertums dar.
скря́га (umg.): Geizhals, Geizkragen.
обо́рвыш (umg., alt.) = оборва́нец: Mensch in zerlumpter Kleidung, Landstreicher, Herumtreiber, Tunichtgut, Taugenichts, Nichtsnutz.

Ничтожество! *(Пройдясь в волнении.)* Не плачь. Не нужно плакать... *(Плачет.)* Не надо... *(Целует его в лоб, в щеки, в голову.)* Милое мое дитя, прости... Прости свою грешную мать. Прости меня несчастную.

Треплев *(обнимает ее.)* Если бы ты знала! Я все потерял. Она меня не любит, я уже не могу писать... пропали все надежды...

Аркадина. Не отчаивайся... Все обойдется. Я сейчас увезу его, она опять тебя полюбит. *(Утирает ему слезы.)* Будет. Мы уже помирились.

Треплев *(целует ей руки)*. Да, мама.

Аркадина *(нежно)*. Помирись и с ним. Не надо дуэли... Ведь не надо?

Треплев. Хорошо... Только, мама, позволь мне не встречаться с ним. Мне это тяжело... выше сил... *(Входит Тригорин.)* Вот... Я выйду... *(Быстро убирает, в шкап лекарства.)* А повязку ужо доктор сделает...

Тригорин *(ищет в книжке)*. Страница 121... строки 11 и 12... Вот... *(Читает.)* «Если тебе когда-нибудь понадобится моя жизнь, то приди и возьми ее».

Треплев подбирает с полу повязку и уходит.

Аркадина *(поглядев на часы)*. Скоро лошадей подадут.

Тригорин *(про себя)*. Если тебе когда-нибудь понадобится моя жизнь, то приди и возьми ее.

Аркадина. У тебя, надеюсь, все уже уложено?

Тригорин *(нетерпеливо)*. Да, да... *(В раздумье.)* Отчего в этом призыве чистой души послышалась мне печаль и мое сердце так болезненно сжалось?.. Если тебе когда-нибудь понадобится моя

пройти́сь (v.): (ein wenig) auf und ab gehen.
гре́шный: sündig.
отча́иваться (uv): verzweifeln.
всё обойдётся: alles wird gut/in Ordnung kommen/sich glätten (обойти́сь, v., unpers.).
помири́ться (v.): sich versöhnen, Frieden schließen.
ужо́ (adv., umg.): später (mal).
«Е́сли тебе́ … и возьми́ её»: Dieses Zitat stammt aus Čechovs 1892 erschienener Erzählung *Сосе́ди* (Die Nachbarn).
призыв: (Hilfe) Ruf.
боле́зненный: krankhaft, übermäßig, unheimlich.
сжа́ться (сожму́сь, -мёшься; v.): sich zusammenkrampfen, -ziehen.

жизнь, то приди и возьми ее. *(Аркадиной.)* Останемся еще на один день!

Аркадина отрицательно качает головой.

Останемся!

Аркадина. Милый, я знаю, что удерживает тебя здесь. Но имей над собою власть. Ты немного опьянел, отрезвись.

Тригорин. Будь ты тоже трезва, будь умна, рассудительна, умоляю тебя, взгляни на все это, как истинный друг... *(Жмет ей руку.)* Ты способна на жертвы... Будь моим другом, отпусти меня...

Аркадина *(в сильном волнении)*. Ты так увлечен?

Тригорин. Меня манит к ней! Быть может, это именно то, что мне нужно.

Аркадина. Любовь провинциальной девочки? О, как ты мало себя знаешь!

Тригорин. Иногда люди спят на ходу, так вот я говорю с тобою, а сам будто сплю и вижу ее во сне... Мною овладели сладкие, дивные мечты... Отпусти...

Аркадина *(дрожа)*. Нет, нет... Я обыкновенная женщина, со мною нельзя говорить так... Не мучай меня, Борис... Мне страшно...

Тригорин. Если захочешь, ты можешь быть необыкновенною. Любовь юная, прелестная, поэтическая, уносящая в мир грёз, – на земле только она одна может дать счастье! Такой любви я не испытал еще... В молодости было некогда, я обивал пороги редак-

---

удéрживать (uv.): (fest-, zurück-)halten.
Но имéй над собóю власть (umg.): Aber beherrsche dich (власть, f.: Macht, Gewalt).
опьянéть (v.): betrunken/berauscht werden.
отрезвúться (-звлю́сь, -звúшься; v.): nüchtern werden.
трéзвый: nüchtern.
рассудúтельный: besonnen, verständig, verständnisvoll.
жéртва: Opfer.
отпустúть (-ущю́, -ýстишь; v.): gehen lassen, freigeben.
увлечён: gepackt, hingerissen, berauscht. p.pt.p. zu: увлéчь, v.
манúть (uv.): herbeiwinken; locken, bezaubern, anziehen.
дúвный (umg.): wunderbar, herrlich.
унося́щий: p.pr.a. von уносúть (уношý, унóсишь; uv.): davon-, wegtragen, entführen.
грёза: Traum, Träumerei; Trugbild, Fantasieren; auch (alt.): albernes Reden.
обивáть порóги: die Türen einrennen., mit Bitten bestürmen (порóг: Türschwelle).

ций, боролся с нуждой... Теперь вот она, эта любовь, пришла наконец, манит... Какой же смысл бежать от нее?

Аркадина *(с гневом)*. Ты сошел с ума!

Тригорин. И пускай.

Аркадина. Вы все сговорились сегодня мучить меня! *(Плачет.)*

Тригорин *(берет себя за голову)*. Не понимает! Не хочет понять!

Аркадина. Неужели я уже так стара и безобразна, что со мною можно, не стесняясь, говорить о других женщинах? *(Обнимает его и целует.)* О, ты обезумел! Мой прекрасный, дивный... Ты, последняя страница моей жизни! *(Становится на колени.)* Моя радость, моя гордость, мое блаженство... *(Обнимает его колени.)* Если ты покинешь меня, хотя на один час, то я не переживу, сойду с ума, мой изумительный, великолепный, мой повелитель...

Тригорин. Сюда могут войти. *(Помогает ей встать.)*

Аркадина. Пусть, я не стыжусь моей любви к тебе. *(Целует ему руки.)* Сокровище мое, отчаянная голова, ты хочешь безумствовать, но я не хочу, не пущу... *(Смеется.)* Ты мой... ты мой... И этот лоб мой, и глаза мои, и эти прекрасные шелковистые волосы тоже мои... Ты весь мой. Ты такой талантливый, умный, лучший из всех теперешних писателей, ты единственная надежда России... У тебя столько искренности, простоты, свежести, здорового юмора... Ты можешь одним штрихом передать главное, что характерно для лица или пейзажа, люди у тебя, как живые. О, тебя нельзя читать без восторга! Ты думаешь, это фимиам? Я льщу? Ну, посмотри мне в глаза... посмотри... Похожа я на лгунью? Вот

боро́ться (uv.): kämpfen, ringen.
и пуска́й (auch: пусть): Dann ist es so! Und wenn schon! Na schön! Von mir aus!
сговори́ться (v.): sich verabreden, übereinkommen, vereinbaren.
безобра́зный: hässlich; gemein.
обезу́меть (v.): den Verstand verlieren, verrückt/wahnsinnig werden.
блаже́нство: Glückseligkeit, Wonne, Seelenheil.
повели́тель: Herrscher, Gebieter.
сокро́вище: Schatz, Goldstück, Prachtstück.
отча́янная голова́: Tollkopf, Hitzkopf, Wirrkopf, Heißsporn.
безу́мствовать (uv.): sich wie ein Besessener aufführen, unvernünftig handeln.
шелкови́стый: seidig.
и́скренность: Offenheit, Aufrichtigkeit, Ehrlichkeit, Geradlinigkeit, Redlichkeit.
фимиа́м: Weihrauch; Beweihräucherung, Schmeichelei.
льстить (льщу, льстишь; uv.): schmeicheln.
лгу́нья: Lügnerin.

и видишь, я одна умею ценить тебя; одна говорю тебе правду, мой милый, чудный... Поедешь? Да? Ты меня не покинешь?..

Тригорин. У меня нет своей воли... У меня никогда не было своей воли... Вялый, рыхлый, всегда покорный – неужели это может нравиться женщине? Бери меня, увози, но только не отпускай от себя ни на шаг...

Аркадина *(про себя)*. Теперь он мой. *(Развязно, как ни в чем не бывало.)* Впрочем, если хочешь, можешь остаться. Я уеду сама, а ты приедешь потом, через неделю. В самом деле, куда тебе спешить?

Тригорин. Нет, уж поедем вместе.

Аркадина. Как хочешь. Вместе, так вместе...

Пауза.

Тригорин записывает в книжку.

Что ты?

Тригорин. Утром слышал хорошее выражение: «Девичий бор»... Пригодится. *(Потягивается.)* Значит, ехать? Опять вагоны, станции, буфеты, отбивные котлеты, разговоры...

Шамраев *(входит)*. Имею честь с прискорбием заявить, что лошади поданы. Пора уже, многоуважаемая, ехать на станцию; поезд приходит в два и пять минут. Так вы же, Ирина Николаевна, сделайте милость, не забудьте навести справочку: где теперь актер Суздальцев? Жив ли? Здоров ли? Вместе пивали когда-то... В «Ограбленной почте» играл неподражаемо... С ним тогда, помню,

---

вя́лый: schlaff, energielos.
ры́хлый (umg.): schlaff, schlapp, kaputt, schwach.
поко́рный: gehorsam, gefügig.
развя́зный: ungezwungen, gelöst.
в са́мом де́ле: wirklich.
деви́чий бор: Jungfrauenhain, -wald.
отбивна́я котле́та: Kotelett.
приско́рбие: Bedauern.
навести́ спра́вочку: Auskunft einholen (спра́вочка: Dim. zu спра́вка).
пива́ть (uv., umg.): trinken.
огра́бленная по́чта: ausgeraubte Post; Postraub. Das franzöische Boulevardstück in 5 Akten »Le courier de Lyon« (1850) von Eugène Moreau, Paul Siraudin und Alfred Delacour wurde von dem russischen Schauspieler und Schriftsteller Fjodor A. Burdin (1827–87) ins Russische übersetzt. Es befand sich im Repertoire des Taganroger Theaters in den 1870er Jahren, wo der junge Čechov es gesehen hat. (огра́бить, v.: rauben, plündern).
неподража́емый: unvergleichlich.

в Елисаветграде служил трагик Измайлов, тоже личность замечательная... Не торопитесь, многоуважаемая, пять минут еще можно. Раз в одной мелодраме они играли заговорщиков, и когда их вдруг накрыли, то надо было сказать: «Мы попали в западню», а Измайлов – «Мы попали в запендю»... *(Хохочет.)* Запендю!..

Пока он говорит, Яков хлопочет около чемоданов, горничная приносит Аркадиной шляпу, манто, зонтик, перчатки; все помогают Аркадиной одеться. Из левой двери выглядывает повар, который немного погодя входит нерешительно. Входит Полина Андреевна, потом Сорин и Медведенко.

Полина Андреевна *(с корзиночкой)*. Вот вам слив на дорогу... Очень сладкие. Может, захотите полакомиться...

Аркадина. Вы очень добры, Полина Андреевна.

Полина Андреевна. Прощайте, моя дорогая! Если что было не так, то простите. *(Плачет.)*

Аркадина *(обнимает ее)*. Все было хорошо, все было хорошо. Только вот плакать не нужно.

Полина Андреевна. Время наше уходит!

Аркадина. Что же делать!

Елисаветград: Industriestadt in der Ukraine (ca. 240.000 Einwohner); 1754 gegründet, hieß bis 1924 Elisavetgrad zu Ehren der russischen Zarin Elizaveta Petrovna (1709–62), danach Zinov'evsk, von 1934–39 Kirovo, anschließend Kirovohrad/Kirovograd. Die »wohlgebaute« Handelsstadt hatte laut Baedeker (1904) 66.000 Einwohner. – Die Schauspielernamen Suzdal'cev und Izmajlov sind wahrscheinlich fiktive Namen bzw. Namen von weniger bedeutenden Provinzschauspielern der damaligen Zeit.

тра́гик: Schauspieler tragischer Rollen.

загово́рщик: Verschwörer.

накры́ть (v.; umg.): erwischen, ertappen, entdecken.

попа́сть (v.) **в западню́**: in eine Falle geraten (западня́). **запендю́:** (= keine Bedeutung). Čechov liebte scherzhaft gemeinte Nonsense-Wortspiele. Hier: »Wir sind in eine Falle getappt« vs. »Wir sind in eine Talle gefappt« oder: »Man hat uns eine Falle gestellt« vs. »Man hat uns eine Stalle gefellt« oder: »Wir sitzen in der Falle« vs. »Wir fitzen in der Salle.«

хлопота́ть (хлопочу́, -о́чешь, uv.): beschäftigt sein, sich kümmern.

манто́ (undekl.): weiter Damenmantel (zumeist aus Pelz).

немно́го погодя́: ein bisschen später.

корзи́ночка: Körbchen. (Dim. zu корзи́на).

пола́комиться (v.): naschen, schnabulieren.

Сорин *(в пальто с пелериной, в шляпе, с палкой, выходит из левой двери; проходя через комнату)*. Сестра, пора, как бы не опоздать, в конце концов. Я иду садиться. *(Уходит.)*

Медведенко. А я пойду пешком на станцию... провожать. Я живо... *(Уходит.)*

Аркадина. До свиданья, мои дорогие... Если будем живы и здоровы, летом опять увидимся...

Горничная, Яков и повар целуют у нее руку.

Не забывайте меня. *(Подает повару рубль.)* Вот вам рубль на троих.

Повар. Покорнейше благодарим, барыня. Счастливой вам дороги! Много вами довольны!

Яков. Дай бог час добрый!

Шамраев. Письмецом бы осчастливили! Прощайте, Борис Алексеевич!

Аркадина. Где Константин? Скажите ему, что я уезжаю. Надо проститься. Ну, не поминайте лихом. *(Якову.)* Я дала рубль повару. Это на троих.

Все уходят вправо. Сцена пуста. За сценой шум, какой бывает, когда провожают. Горничная возвращается, чтобы взять со стола корзину со сливами, и опять уходит.

Тригорин *(возвращаясь)*. Я забыл свою трость. Она, кажется, там на террасе.

Идет и у левой двери встречается с Ниной*, которая входит.*

Это вы? Мы уезжаем...

Нина. Я чувствовала, что мы еще увидимся. *(Возбужденно.)* Борис Алексеевич, я решила бесповоротно, жребий брошен, я по-

---

пелери́на: Pelerine (= kurzer Schulterumhang).
как бы: wenn nicht; sonst.
жи́во (adv., umg.): flink, rasch.
ба́рыня (Anrede, alt.): gnädige Frau.
мно́го ва́ми дово́льны! (umg.): allerergebensten Dank; wir sind Ihnen sehr verbunden.
Дай бог час до́брый!: Gott schütze/segne Sie! – Fahren Sie mit Gott. – Gott sei mit Ihnen!
письмецо́: Briefchen. Dim. zu письмо́.
осчастли́вить (v.): beglücken, glücklich machen.
возбуждённый: erregt.
бесповоро́тный: unwiderruflich, unabänderlich.
жребий бро́шен: der Würfel ist gefallen. (p.pt.p. von бро́сить).

ступаю на сцену. Завтра меня уже не будет здесь, я ухожу от отца, покидаю все, начинаю новую жизнь... Я уезжаю, как и вы... в Москву. Мы увидимся там.

Тригорин *(оглянувшись)*. Остановитесь в «Славянском Базаре»... Дайте мне тотчас же знать... Молчановка, дом Грохольского... Я тороплюсь...

Пауза.

Нина. Еще одну минуту...

Тригорин *(вполголоса)*. Вы так прекрасны... О, какое счастье думать, что мы скоро увидимся!

Она склоняется к нему на грудь.

Я опять увижу эти чудные глаза, невыразимо прекрасную, нежную улыбку... эти кроткие черты, выражение ангельской чистоты... Дорогая моя...

Продолжительный поцелуй.

Занавес

Между третьим и четвертым действием проходит два года.

Славя́нский База́р: Das Hotel und legendäre Restaurant Slavjanskij Bazar in Kremlnähe (Nikól`skaja ul. 17) wurde 1873 eröffnet. Hier trafen sich um die Jahrhundertwende regelmäßig alle Größen der russischen Kultur. Am 22. Juni 1897 beschlossen hier die Regisseure Konstantin Stanislavskij und Vladimir Nemirovič-Dančenko die Gründung des Moskauer Künstlertheaters. 1993 wurde der Slavjánskij Bazár nach einem Brand geschlossen.

тотча́с же (umg.): sogleich, sofort.

Молча́новка: Straße im Zentrum Moskaus (Arbatviertel).

невырази́мый: unsagbar, unbeschreiblich.

кро́ткий: sanft.

Действие четвёртое

Одна из гостиных в доме Сорина, обращенная Константином Треплевым в рабочий кабинет. Направо и налево двери, ведущие во внутренние покои. Прямо стеклянная дверь на террасу. Кроме обычной гостиной мебели, в правом углу письменный стол, возле левой двери турецкий диван, шкап с книгами, книги на окнах, на стульях. – Вечер. Горит одна лампа под колпаком. Полумрак. Слышно, как шумят деревья и воет ветер в трубах. Стучит сторож. Медведенко и Маша входят.

Маша *(окликает)*. Константин Гаврилыч! Константин Гаврилыч! *(Осматриваясь.)* Нет никого. Старик каждую минуту все спрашивает, где Костя, где Костя... Жить без него не может...

Медведенко. Боится одиночества. *(Прислушиваясь.)* Какая ужасная погода! Это уже вторые сутки.

Маша *(припускает огня в лампе)*. На озере волны. Громадные.

Медведенко. В саду темно. Надо бы сказать, чтобы сломали в саду тот театр. Стоит голый, безобразный, как скелет, и занавеска от ветра хлопает. Когда я вчера вечером проходил мимо, то мне показалось, будто кто в нем плакал.

Маша. Ну, вот...

Пауза.

Медведенко. Поедем, Маша, домой!

Маша *(качает отрицательно головой)*. Я здесь останусь ночевать.

поко́й (alt.): Zimmer, Gemach.
туре́цкий: türkisch.
ла́мпа под колпако́м: Schirm-, Tischlampe (колпа́к: Deckel, Glocke).
полумра́к: Halbdunkel.
труба́: Kamin, Schornstein.
стучи́т сторо́ж: der Wächter klopft. Durch Klopfen auf ein Brett zeigte ein Nachtwächter bei seinem stündlichen Kontrollgang auf russischen Landgütern die Zeit an. (стуча́ть, стучу́, -чи́шь, uv.).
оклика́ть (uv.): (beim Namen) rufen.
вторы́е су́тки: zweiter Tag (су́тки: vierundzwanzig Stunden).
припуска́ть (uv.): weiter machen; hier: weiter aufdrehen.
слома́ть (v.): abbrechen, abreißen.
хло́пать (uv.): schlagen.

Медведенко *(умоляюще)*. Маша, поедем! Наш ребеночек, небось, голоден.
Маша. Пустяки. Его Матрена покормит.
Пауза.
Медведенко. Жалко. Уже третью ночь без матери.
Маша. Скучный ты стал. Прежде, бывало, хоть пофилософствуешь, а теперь все ребенок, домой, ребенок, домой, – и больше от тебя ничего не услышишь.
Медведенко. Поедем, Маша!
Маша. Поезжай сам.
Медведенко. Твой отец не даст мне лошади.
Маша. Даст. Ты попроси, он и даст.
Медведенко. Пожалуй, попрошу. Значит, ты завтра приедешь?
Маша *(нюхает табак)*. Ну, завтра. Пристал...
Входят Треплев и Полина Андреевна; Треплев принес подушки и одеяло, а Полина Андреевна постельное белье; кладут на турецкий диван, затем Треплев идет к своему столу и садится.
Зачем это, мама?
Полина Андреевна. Петр Николаевич просил постлать ему у Кости.
Маша. Давайте я... *(Постилает постель.)*
Полина Андреевна *(вздохнув)*. Старый что малый... *(Подходит к письменному столу и, облокотившись, смотрит в рукопись.)*
Пауза.
Медведенко. Так я пойду. Прощай, Маша. *(Целует у жены руку.)* Прощайте, мамаша. *(Хочет поцеловать руку у тещи.)*
Полина Андреевна *(досадливо)*. Ну! Иди с богом.
Медведенко. Прощайте, Константин Гаврилыч.
Треплев молча подает руку; Медведенко уходит.

небо́сь (part., umg.): bestimmt, wohl, wahrscheinlich.
Пре́жде, быва́ло, хоть пофилосо́фствуешь (umg.): Früher hast du wenigstens noch manchmal philosophiert.
пожа́луй (part.): meinetwegen, also gut (zur Wiedergabe einer unentschlossenen Zustimmung).
приста́ть (umg., v.): hier: belästigen, auf die Nerven gehen.
постла́ть (v.)/постила́ть (uv.) посте́ль: sich ausbreiten; Bett machen/aufschlagen.
ста́рый что ма́лый (umg.): so alt wie ein kleiner Junge. (что, alt.: wie).
облокоти́вшись: g.pt.a. zu: облокоти́ться (-очу́сь, -о́тишься; v.): sich mit dem Ellenbogen aufstützen.
тёща: Schwiegermutter (des Mannes).

Полина Андреевна *(глядя в рукопись)*. Никто не думал и не гадал, что из вас, Костя, выйдет настоящий писатель. А вот, слава богу, и деньги стали вам присылать из журналов. *(Проводит рукой по его волосам.)* И красивый стал... Милый Костя, хороший, будьте поласковее с моей Машенькой!..

Маша *(постилая)*. Оставьте его, мама.

Полина Андреевна *(Треплеву)*. Она славненькая.

Пауза.

Женщине, Костя, ничего не нужно, только взгляни на нее ласково. По себе знаю.

Треплев встает из-за стола и молча уходит.

Маша. Вот и рассердили. Надо было приставать!

Полина Андреевна. Жалко мне тебя, Машенька.

Маша. Очень нужно!

Полина Андреевна. Сердце мое за тебя переболело. Я ведь все вижу, все понимаю.

Маша. Все глупости. Безнадежная любовь – это только в романах. Пустяки. Не нужно только распускать себя и все чего-то ждать, ждать у моря погоды... Раз в сердце завелась любовь, надо ее вон. Вот обещали перевести мужа в другой уезд. Как переедем туда – все забуду... с корнем из сердца вырву.

Через две комнаты играют меланхолический вальс.

Полина Андреевна. Костя играет. Значит, тоскует.

Маша *(делает бесшумно два-три тура вальса)*. Главное, мама, перед глазами не видеть. Только бы дали моему Семену перевод, а там, поверьте, в один месяц забуду. Пустяки все это.

гада́ть (uv.): vermuten, mutmaßen.
поласкове́е: ein wenig netter (ла́сковый: freundlich, zärtlich).
сла́вненькая: hier: ein gutes/feines/anständiges Mädchen/Kind.
взгляну́ть (v.) на + Akk.: anschauen, betrachten.
По себе́ зна́ю (umg.): Ich weiß das von mir.
На́до бы́ло пристава́ть! (umg.): Mussten Sie ihn so belästigen/behelligen/zudringlich sein!
О́чень ну́жно! (umg.): Das hat mir gerade noch gefehlt! Das hilft mir viel!
(се́рдце) **переболе́ть** (v.): hier: wehtun; durchmachen.
распуска́ть (uv.) **себя́:** sich gehen lassen.
завести́ (-веду́, -дёшь; v.): einführen, einrichten, einstellen.
уе́зд: (Land)Kreis.
тур ва́льса: Walzertakt, Walzerschritt.
дать (v.) **перево́д:** versetzen.

Открывается левая дверь, Дорн *и* Медведенко *катят в кресле* Сорина.

Медведенко. У меня теперь в доме шестеро. А мука семь гривен пуд.

Дорн. Вот тут и вертись.

Медведенко. Вам хорошо смеяться. Денег у вас куры не клюют.

Дорн. Денег? За тридцать лет практики, мой друг, беспокойной практики, когда я не принадлежал себе ни днем, ни ночью, мне удалось скопить только две тысячи, да и те я прожил недавно за границей. У меня ничего нет.

Маша *(мужу)*. Ты не уехал?

Медведенко *(виновато)*. Что ж? Когда не дают лошади!

Маша *(с горькою досадой, вполголоса)*. Глаза бы мои тебя не видели!

Кресло останавливается в левой половине комнаты; Полина Андреевна, Маша и Дорн садятся возле; Медведенко, опечаленный, отходит в сторону.

Дорн. Сколько у вас перемен, однако! Из гостиной сделали кабинет.

Маша. Здесь Константину Гаврилычу удобнее работать. Он может когда угодно выходить в сад и там думать.

Стучит сторож.

Сорин. Где сестра?

Дорн. Поехала на станцию встречать Тригорина. Сейчас вернется.

Сорин. Если вы нашли нужным выписать сюда сестру, значит, я опасно болен. *(Помолчав.)* Вот история, я опасно болен, а между тем мне не дают никаких лекарств.

гри́вна (G.pl.: гри́вен): Zehnkopekenstück. – Hier: 70 Kopeken.
Вот тут и верти́сь. Wie soll man da auskommen. – Dorn übernimmt ironisch Medvedenkos Phrase aus Akt 1.
у вас [де́нег] ку́ры не клюю́т (umg.): Sie haben Geld wie Heu (*клева́ть, клюю́, клюёшь,* uv.: picken; ку́ра = ку́рица: Huhn).
принадлежа́ть (uv.) **себе́:** sich selbst gehören.
скопи́ть (скоплю́, ско́пишь; v.): zusammensparen.
прожи́ть (v.): ausgeben, verleben.
доса́да: Ärger.
опеча́ленный: betrübt, traurig, bekümmert (опеча́лить, v.: traurig stimmen.).
переме́на: Veränderung, Wechsel.
вы́писать (v.): her(bei)rufen, herbeizitieren.

Дорн. А чего вы хотите? Валериановых капель? Соды? Хины?

Сорин. Ну, начинается философия. О, что за наказание! *(Кивнув головой на диван.)* Это для меня постлано?

Полина Андреевна. Для вас, Петр Николаевич.

Сорин. Благодарю вас.

Дорн *(напевает)*. «Месяц плывет по ночным небесам...»

Сорин. Вот хочу дать Косте сюжет для повести. Она должна называться так: «Человек, который хотел». «L'homme qui a voulu». В молодости когда-то хотел я сделаться литератором – и не сделался; хотел красиво говорить – и говорил отвратительно *(дразнит себя)*: «и всё и всё такое, того, не того»... и, бывало, резюме везешь, везешь, даже в пот ударит; хотел жениться – и не женился; хотел всегда жить в городе – и вот кончаю свою жизнь в деревне, и все.

Дорн. Хотел стать действительным статским советником – и стал.

Сорин *(смеется)*. К этому я не стремился. Это вышло само собою.

Дорн. Выражать недовольство жизнью в шестьдесят два года, согласитесь, – это не великодушно.

Сорин. Какой упрямец. Поймите, жить хочется!

Дорн. Это легкомыслие. По законам природы всякая жизнь должна иметь конец.

Сорин. Вы рассуждаете, как сытый человек. Вы сыты и потому равнодушны к жизни, вам все равно. Но умирать и вам будет страшно.

Дорн. Страх смерти – животный страх... Надо подавлять его. Сознательно боятся смерти только верующие в вечную жизнь, кото-

---

хи́на: Chinin.

«Ме́сяц плывёт по ночны́м небеса́м...»: »Der Mond schwimmt stille durch die Nacht«. Anfang der populären Serenade »Tigrënok« (Das Tigerjunge, 1882) von Konstantin S. Šilovskij (1849–1893), die das Mondmotiv aufgreift.

«L'homme qui a voulu» (frz.): Der Mann, der wollte.

отврати́тельный: widerlich, gräßlich, schauderhaft, abscheulich.

резюме́ везти́ (uv.)**:** ein Resumee/eine Zusammenfassung vorbringen; hier: (bei Gericht) ein Schlussplädoyer halten.

пот уда́рить (v.): (plötzlich) Schweiß ausbrechen.

действи́тельный ста́тский сове́тник: Wirklicher Staatsrat. In der vierzehnstufigen Rängetabelle Ende des 19. Jahrhunderts steht dieser Beamtentitel an der vierten Stelle der zaristischen Rangordnung.

упря́мец (umg.): Dickschädel, Starr-, Trotzkopf.

рым страшно бывает своих грехов. А вы, во-первых, неверующий, во-вторых – какие у вас грехи? Вы двадцать пять лет прослужили по судебному ведомству – только всего.

Сорин *(смеется)*. Двадцать восемь...

Входит Треплев и садится на скамеечке у ног Сорина. Маша все время не отрывает от него глаз.

Дорн. Мы мешаем Константину Гавриловичу работать.

Треплев. Нет, ничего.

Пауза.

Медведенко. Позвольте вас спросить, доктор, какой город за границей вам больше понравился?

Дорн. Генуя.

Треплев. Почему Генуя?

Дорн. Там превосходная уличная толпа. Когда вечером выходишь из отеля, то вся улица бывает запружена народом. Движешься потом в толпе без всякой цели, туда-сюда, по ломаной линии, живешь с нею вместе, сливаешься с нею психически и начинаешь верить, что в самом деле возможна одна мировая душа, вроде той, которую когда-то в вашей пьесе играла Нина Заречная. Кстати, где теперь Заречная? Где она и как?

Треплев. Должно быть, здорова.

Дорн. Мне говорили, будто она повела какую-то особенную жизнь. В чем дело?

Треплев. Это, доктор, длинная история.

Дорн. А вы покороче.

Пауза.

Треплев. Она убежала из дому и сошлась с Тригориным. Это вам известно?

подавля́ть (uv.): unterdrücken.
суде́бное ве́домство: Gerichtswesen, Gerichtsbarkeit.
то́лько всего́: das ist alles.
Ге́нуя: Genua, it. Genova, im Nordwesten Italiens am Ligurischen Meer, u. a. berühmt wegen seiner Prachtstraßen und Renaissance – und Barockpalazzi.
запру́женный (umg.): überflutet, voll von (p.pt.p. von: запруди́ть, -ужу́, -у́дишь; v.: stauen, überfluten).
ло́маная ли́ния: (math.:) gebrochene Linie; hier: kreuz und quer.
слива́ться (uv.): zusammenfließen, verschmelzen, fusionieren.
и как?: (verkürzt): wie geht es ihr?
А вы покоро́че (umg.): Machen Sie es kurz.
сойти́сь (v., umg.): ein Verhältnis haben, liiert sein.

Дорн. Знаю.

Треплев. Был у нее ребенок. Ребенок умер. Тригорин разлюбил ее и вернулся к своим прежним привязанностям, как и следовало ожидать. Впрочем, он никогда не покидал прежних, а по бесхарактерности как-то ухитрился и тут и там. Насколько я мог понять из того, что мне известно, личная жизнь Нины не удалась совершенно.

Дорн. А сцена?

Треплев. Кажется, еще хуже. Дебютировала она под Москвой в дачном театре, потом уехала в провинцию. Тогда я не упускал ее из виду и некоторое время куда она, туда и я. Бралась она все за большие роли, но играла грубо, безвкусно, с завываниями, с резкими жестами. Бывали моменты, когда она талантливо вскрикивала, талантливо умирала, но это были только моменты.

Дорн. Значит, все-таки есть талант?

Треплев. Понять было трудно. Должно быть, есть. Я ее видел, но она не хотела меня видеть, и прислуга не пускала меня к ней в номер. Я понимал ее настроение и не настаивал на свидании.

Пауза.

Что же вам еще сказать? Потом я, когда уже вернулся домой, получал от нее письма. Письма умные, теплые, интересные; она не жаловалась, но я чувствовал, что она глубоко несчастна; что ни строчка, то больной, натянутый нерв. И воображение немного расстроено. Она подписывалась Чайкой. В «Русалке» мельник го-

---

разлюби́ть (v.): nicht mehr lieben; verlassen.
привя́занность (f.): Liebe, Beziehung, Bindung.
ухитри́ться (umg., v.): es verstehen.
и тут и там (umg.): sich hier und dort einrichten/einnisten.
да́чный теа́тр: Sommertheater.
бра́ться (uv.): in Angriff nehmen, übernehmen.
завыва́ние: Heulen, Geheule, Geschluchze.
ре́зкий: heftig, barsch, wild, ungestüm.
вскри́кивать (uv.): aufschreien, einen Schrei ausstoßen.
наста́ивать (uv.) **на** + Präp.: bestehen auf.
что ни: jeder.
натя́нутый: gespannt.
воображе́ние: Einbildungskraft, Fantasie.
Руса́лка: Anspielung auf *Rusalka* (Die Nixe), ein unvollendetes Dramenfragment (1826–1832) von Aleksandr Puškin (1799–1837). Eine arme Müllerstochter ertränkt sich, nachdem sie von ihrem Geliebten, einem Fürsten, verlassen wurde, und verwandelt sich in eine Nixe, wo sie ihr Kind gebiert und Rache am Fürsten schwört. Der Va-

ворит, что он ворон, так она в письмах все повторяла, что она чайка. Теперь она здесь.

Д о р н . То есть как, здесь?

Т р е п л е в . В городе, на постоялом дворе. Уже дней пять как живет там в номере. Я было поехал к ней, и вот Марья Ильинишна ездила, но она никого не принимает. Семен Семенович уверяет, будто вчера после обеда видел ее в поле, в двух верстах отсюда.

Медведенко. Да, я видел. Шла в ту сторону, к городу. Я поклонился, спросил, отчего не идет к нам в гости. Она сказала, что придет.

Т р е п л е в . Не придет она.

Пауза.

Отец и мачеха не хотят ее знать. Везде расставили сторожей, чтобы даже близко не допускать ее к усадьбе. *(Отходит с доктором к письменному столу.)* Как легко, доктор, быть философом на бумаге и как это трудно на деле!

С о р и н . Прелестная была девушка.

Д о р н . Что-с?

С о р и н . Прелестная, говорю, была девушка. Действительный статский советник Сорин был даже в нее влюблен некоторое время.

Д о р н . Старый ловелас.

Слышен смех Шамраева.

П о л и н а А н д р е е в н а . Кажется, наши приехали со станции...

Т р е п л е в . Да, я слышу маму.

Входят А р к а д и н а , Т р и г о р и н , за ними Ш а м р а е в .

---

ter, der sich schuldig fühlt und über den Tod seiner Tochter den Verstand verloren hat, offenbart sich gegenüber dem Fürsten als Rabe, das Wahrzeichen von Unglück, Gefahr und Tod: »Я воро́н, а не ме́льник« (Ich bin ein Rabe, kein Müller).

постоя́лый двор: Herberge (im 19. Jahrhundert besonders für Reisende und Fuhrleute).

расста́вить (v.): aufstellen.

ловела́с: Lovelace; Schürzenjäger, Schwerenöter, Charmeur. Intertextuelle Anspielung auf Lovelace, den charmanten, aber gewissenlosen Verführer von Clarissa aus Samuel Richardsons Briefroman *Clarissa* (1748/49). Die russische Bezeichnung *ловела́с* legt eine weitere Interpretation nahe; so kann sie volksetymologisch mit *лови́ть* (jagen) in Beziehung gesetzt werden. Das englische Wort »Lovelace« steht volksetymologisch für »loveless« (lieblos) bzw. für jemanden, der »lace« (Spitze, Tresse) mag.

Шамраев *(входя)*. Мы все стареем, выветриваемся под влиянием стихий, а вы, многоуважаемая, все еще молоды... Светлая кофточка, живость... грация...

Аркадина. Вы опять хотите сглазить меня, скучный человек!

Тригорин *(Сорину)*. Здравствуйте, Петр Николаевич! Что это вы все хвораете? Нехорошо! *(Увидев Машу, радостно.)* Марья Ильинична!

Маша. Узнали? *(Жмет ему руку.)*

Тригорин. Замужем?

Маша. Давно.

Тригорин. Счастливы? *(Раскланивается с Дорном и с Медведенком, потом нерешительно подходит к Треплеву.)* Ирина Николаевна говорила, что вы уже забыли старое и перестали гневаться.

Треплев протягивает ему руку.

Аркадина *(сыну)*. Вот Борис Алексеевич привез журнал с твоим новым рассказом.

Треплев *(принимая книгу, Тригорину)*. Благодарю вас. Вы очень любезны.

Садятся.

Тригорин. Вам шлют поклон ваши почитатели... В Петербурге и в Москве вообще заинтересованы вами, и меня всё спрашивают про вас. Спрашивают: какой он, сколько лет, брюнет или блондин. Думают все почему-то, что вы уже не молоды. И никто не знает вашей настоящей фамилии, так как вы печатаетесь под псевдонимом. Вы таинственны, как Железная маска.

Треплев. Надолго к нам?

вывéтриваться (uv.): verwittern.

стихи́я: Element, Naturgewalt.

жи́вость (f.): Lebhaftigkeit, Vitalität, Lebenslust, Elan, Dynamik, Verve.

хворáть (umg., uv.): kränkeln, krank sein.

раскла́ниваться (uv.): sich verbeugen.

гнéваться (alt., uv.): zürnen, böse sein.

слать (шлю, шлёшь; uv.) **поклóн:** einen Gruß schicken; jdn. grüßen lassen (поклóн: Verbeugung, Gruß).

почитáтель: Verehrer, Bewunderer, Fan.

Желéзная мáска: die Eiserne Maske. Der Mann mit der »eisernen Maske«, der beim Hofgang stets eine Maske (aus Samt) tragen musste, war von 1669 – 1703 ein geheimnisvoller Staatsgefangener aus der Regierungszeit Ludwigs XIV., über dessen Identität bis heute spekuliert wird. Voltaire dichtete dem mysteriösen Gefangenen eine »eiserne Maske« an.

Тригорин. Нет, завтра же думаю в Москву. Надо. Тороплюсь кончить повесть и затем еще обещал дать что-нибудь в сборник. Одним словом – старая история.

Пока они разговаривают, Аркадина и Полина Андреевна ставят среди комнаты ломберный стол и раскрывают его; Шамраев зажигает свечи, ставит стулья. Достают из шкапа лото.

Погода встретила меня неласково. Ветер жестокий. Завтра утром, если утихнет, отправлюсь на озеро удить рыбу. Кстати, надо осмотреть сад и то место, где – помните? – играли вашу пьесу. У меня созрел мотив, надо только возобновить в памяти место действия.

Маша *(отцу)*. Папа, позволь мужу взять лошадь! Ему нужно домой.

Шамраев *(дразнит)*. Лошадь... домой... *(Строго.)* Сама видела: сейчас посылали на станцию. Не гонять же опять.

Маша. Но ведь есть другие лошади... *(Видя, что отец молчит, машет рукой.)* С вами связываться...

Медведенко. Я, Маша, пешком пойду. Право...

Полина Андреевна *(вздохнув)*. Пешком, в такую погоду... *(Садится за ломберный стол.)* Пожалуйте, господа.

Медведенко. Ведь всего только шесть верст... Прощай... *(Целует жене руку.)* Прощайте, мамаша.

Теща нехотя протягивает ему для поцелуя руку.

Я бы никого не беспокоил, но ребеночек... *(Кланяется всем.)* Прощайте... *(Уходит; походка виноватая.)*

Шамраев. Небось дойдет. Не генерал.

Полина Андреевна *(стучит по столу)*. Пожалуйте, господа. Не будем терять времени, а то скоро ужинать позовут.

Шамраев, Маша и Дорн садятся за стол.

ло́мберный стол: l'Hombretisch = Spieltisch, der zum Kartenspielen aufgeklappt wird. L'Hombre (auch: Lomber): ursprünglich altes Kartenspiel spanischer Herkunft.
ло́то: Lotto, ein in Genua im 16. Jahrhundert entstandenes Glücksspiel, das in Russland im 19. Jahrhundert bekannt wurde.
ути́хнуть (v.): sich legen, aufhören, nachlassen.
возобнови́ть (v.) **в па́мяти:** ins Gedächtnis rufen; erneuern, wiederbeleben.
посыла́ть (uv.): hier: holen lassen.
свя́зываться (umg., uv.): sich einlassen.
не́хотя (adv.): widerwillig, mit Unlust.
похо́дка винова́тая: schuldbewusste Gangart/Bewegung.

Аркадина *(Тригорину)*. Когда наступают длинные осенние вечера, здесь играют в лото. Вот взгляните: старинное лото, в которое еще играла с нами покойная мать, когда мы были детьми. Не хотите ли до ужина сыграть с нами партию? *(Садится с Тригориным за стол.)* Игра скучная, но если привыкнуть к ней, то ничего. *(Сдает всем по три карты.)*
Треплев *(перелистывая журнал)*. Свою повесть прочел, а моей даже не разрезал. *(Кладет журнал на письменный стол, потом направляется к левой двери; проходя мимо матери, целует ее в голову.)*
Аркадина. А ты, Костя?
Треплев. Прости, что-то не хочется... Я пройдусь. *(Уходит.)*
Аркадина. Ставка – гривенник. Поставьте за меня, доктор.
Дорн. Слушаю-с.
Маша. Все поставили? Я начинаю... Двадцать два!
Аркадина. Есть.
Маша. Три!..
Дорн. Так-с.
Маша. Поставили три? Восемь! Восемьдесят один! Десять!
Шамраев. Не спеши.
Аркадина. Как меня в Харькове принимали, батюшки мои, до сих пор голова кружится!
Маша. Тридцать четыре!
За сценой играют меланхолический вальс.
Аркадина. Студенты овацию устроили... Три корзины, два венка и вот... *(Снимает с груди брошь и бросает на стол.)*
Шамраев. Да, это вещь...
Маша. Пятьдесят!..
Дорн. Ровно пятьдесят?

сдать (сдам, сдашь; v.): (Karten) verteilen.
разре́зать (-ре́жу, -жешь; v.): aufschneiden. Die einzelnen Seiten mussten bei Zeitschriften am Rand aufgeschnitten werden.
пройти́сь (v.): ein bisschen spazieren gehen/an die Luft gehen/rausgehen.
ста́вка: (Spiel)Einsatz.
гри́венник: Zehnkopekenstück.
Ха́рьков: Char'kov (russ.), heute Charkiw (ukr.), zweitgrößte Stadt der Ukraine. Zu Tschechows Zeiten lag Char'kov am Südende des russischen Reichs und war ein wichtiges Kultur- und Handelszentrum.
ба́тюшки мои́ (umg.): du meine Güte; ach.
вено́к (G.: -нка́): Kranz.

Аркадина. На мне был удивительный туалет... Что-что, а уж одеться я не дура.
Полина Андреевна. Костя играет. Тоскует, бедный.
Шамраев. В газетах бранят его очень.
Маша. Семьдесят семь!
Аркадина. Охота обращать внимание.
Тригорин. Ему не везет. Все никак не может попасть в свой настоящий тон. Что-то странное, неопределенное, порой даже похожее на бред. Ни одного живого лица.
Маша. Одиннадцать!
Аркадина *(оглянувшись на Сорина)*. Петруша, тебе скучно?
Пауза.
Спит.
Дорн. Спит действительный статский советник.
Маша. Семь! Девяносто!
Тригорин. Если бы я жил в такой усадьбе, у озера, то разве я стал бы писать? Я поборол бы в себе эту страсть и только и делал бы, что удил рыбу.
Маша. Двадцать восемь!
Тригорин. Поймать ерша или окуня – это такое блаженство!
Дорн. А я верю в Константина Гаврилыча. Что-то есть! Что-то есть! Он мыслит образами, рассказы его красочны, ярки, и я их сильно чувствую. Жаль только, что он не имеет определенных задач. Производит впечатление, и больше ничего, а ведь на одном впечатлении далеко не уедешь. Ирина Николаевна, вы рады, что у вас сын писатель?
Аркадина. Представьте, я еще не читала. Все некогда.
Маша. Двадцать шесть!

что-что (umg.): hier: nun ja; eins steht fest; man kann wohl sagen.
ду́ра: dumme Gans; Depp; Hohlkopf; Stümper.
охо́та обраща́ть внима́ние: Die knappe Replik der Arkadina kann doppeldeutig ausgelegt werden: 1. Er (= Treplev) schenkt dem zu viel Aufmerksamkeit; 2. Sie (= die Zeitungen) wollen die Aufmerksamkeit auf ihn richten. (охо́та: Lust, Verlangen).
ника́к: überhaupt nicht.
поро́й: manchmal, bisweilen.
поборо́ть (v.): überwinden, unterdrücken.
ёрш: Kaulbarsch.
о́кунь: (See)Barsch.
что-то есть (umg.): er hat etwas.
кра́сочный: farbenprächtig, ausdrucksvoll.

Треплев тихо входит и идет к своему столу.

Шамраев *(Тригорину)*. А у нас, Борис Алексеевич, осталась ваша вещь.

Тригорин. Какая?

Шамраев. Как-то Константин Гаврилыч застрелил чайку, и вы поручили мне заказать из нее чучело.

Тригорин. Не помню. *(Раздумывая.)* Не помню!

Маша. Шестьдесят шесть! Один!

Треплев *(распахивает окно, прислушивается)*. Как темно! Не понимаю, отчего я испытываю такое беспокойство.

Аркадина. Костя, закрой окно, а то дует.

Треплев закрывает окно.

Маша. Восемьдесят восемь!

Тригорин. У меня партия, господа.

Аркадина *(весело)*. Браво! браво!

Шамраев. Браво!

Аркадина. Этому человеку всегда и везде везет. *(Встает.)* А теперь пойдемте закусить чего-нибудь. Наша знаменитость не обедала сегодня. После ужина будем продолжать. *(Сыну.)* Костя, оставь свои рукописи, пойдем есть.

Треплев. Не хочу, мама, я сыт.

Аркадина. Как знаешь. *(Будит Сорина.)* Петруша, ужинать! *(Берет Шамраева под руку.)* Я расскажу вам, как меня принимали в Харькове...

Полина Андреевна тушит на столе свечи, потом она и Дорн катят кресло. Все уходят в левую дверь; на сцене остается один Треплев за письменным столом.

Треплев *(собирается писать; пробегает то, что уже написано)*. Я так много говорил о новых формах, а теперь чувствую, что сам мало-помалу сползаю к рутине. *(Читает.)* «Афиша на заборе гласила... Бледное лицо, обрамленное темными волосами...» Гла-

---

поручи́ть (v.): anweisen, beauftragen.
чу́чело: ausgestopftes Tier.
распа́хивать (uv): weit öffnen.
У меня́ па́ртия: Ich habe (die Partie/das Spiel) gewonnen.
пробе́гать (uv.): überfliegen, flüchtig durchsehen.
сполза́ть (uv.): abgleiten, abrutschen.
забо́р: Zaun.
гласи́ть (hochspr., uv.): lauten.

сила, обрамленное... Это бездарно. *(Зачеркивает.)* Начну с того, как героя разбудил шум дождя, а остальное все вон. Описание лунного вечера длинно и изысканно. Тригорин выработал себе приемы, ему легко... У него на плотине блестит горлышко разбитой бутылки и чернеет тень от мельничного колеса – вот и лунная ночь готова, а у меня и трепещущий свет, и тихое мерцание звезд, и далекие звуки рояля, замирающие в тихом ароматном воздухе... Это мучительно.

Пауза.

Да, я все больше и больше прихожу к убеждению, что дело не в старых и не в новых формах, а в том, что человек пишет, не думая ни о каких формах, пишет, потому что это свободно льется из его души.

Кто-то стучит в окно, ближайшее к столу.

Что такое? *(Глядит в окно.)* Ничего не видно... *(Отворяет стеклянную дверь и смотрит в сад.)* Кто-то пробежал вниз по ступеням. *(Окликает.)* Кто здесь?

Уходит; слышно, как он быстро идет по террасе; через полминуты возвращается с Ниной Заречной.

Нина! Нина!

Нина кладет ему голову на грудь и сдержанно рыдает.

(Растроганный.) Нина! Нина! Это вы... вы... Я точно предчувствовал, весь день душа моя томилась ужасно. *(Снимает с нее шляпу и тальму.)* О, моя добрая, моя ненаглядная, она пришла! Не будем плакать, не будем.

обрамлённый: p.pt.p von обрами́ть (v.): umrahmen, umschließen.
безда́рный: unbegabt, stümperhaft.
изы́сканный: (aus)gesucht; elegant.
плоти́на: Damm, Deich, Wehr.
го́рлышко: Flaschenhals.
ме́льничное колесо́: Mühlrad.
трепе́щущий: p.pr.a. von трепета́ть (трепещу́, -е́щешь; uv.): zittern, flackern.
мерца́ние: Blinken, Flimmern.
литься (льётся, льются; uv.): sich ergießen, hervorströmen.
оклика́ть (uv.): (beim Namen) rufen.
сде́ржанный: beherrscht, zurückhaltend, verhalten., unterdrückt.
рыда́ть (uv.): schluchzen.
растро́ганный: gerührt (растро́гать, v.: Mitgefühl erregen, rühren).
томи́ться (uv.): sich quälen, leiden, schmachten.
та́льма: Talma, ärmelloser Umhang.

Нина. Здесь есть кто-то.
Треплев. Никого.
Нина. Заприте двери, а то войдут.
Треплев. Никто не войдет.
Нина. Я знаю, Ирина Николаевна здесь. Заприте двери...
Треплев *(запирает правую дверь на ключ, подходит к левой)*. Тут нет замка. Я заставлю креслом. *(Ставит у двери кресло.)* Не бойтесь, никто не войдет.
Нина *(пристально глядит ему в лицо)*. Дайте я посмотрю на вас. *(Оглядываясь.)* Тепло, хорошо... Здесь тогда была гостиная. Я сильно изменилась?
Треплев. Да... Вы похудели, и у вас глаза стали больше. Нина, как-то странно, что я вижу вас. Отчего вы не пускали меня к себе? Отчего вы до сих пор не приходили? Я знаю, вы здесь живете уже почти неделю... Я каждый день ходил к вам по нескольку раз, стоял у вас под окном, как нищий.
Нина. Я боялась, что вы меня ненавидите. Мне каждую ночь все снится, что вы смотрите на меня и не узнаете. Если бы вы знали! С самого приезда я все ходила тут... около озера. Около вашего дома была много раз и не решалась войти. Давайте сядем.
Садятся.
Сядем и будем говорить, говорить. Хорошо здесь, тепло, уютно... Слышите – ветер? У Тургенева есть место: «Хорошо тому, кто в такие ночи сидит под кровом дома, у кого есть теплый угол». Я – чайка... Нет, не то. *(Трет себе лоб.)* О чем я? Да... Тургенев... «И да поможет господь всем бесприютным скитальцам»... Ничего. *(Рыдает.)*
Треплев. Нина, вы опять... Нина!

заста́вить (v.): hier: versperren.
при́стальный: durchdringend, eindringlich.
ни́щий: Bettler.
Турге́нев: Nina zitiert im folgenden aus dem Roman »Rudin« (1856) des rusischen Prosaikers Ivan Turgenev (1818–1883).
кров: Dach, Schutz.
тере́ть (тру, трёшь; uv.): reiben.
О чём я? (umg.): Wo war ich stehen geblieben? Was wollte ich sagen?
бесприю́тный: obdachlos.
скита́лец (G.:-льца): Wanderer, Heimatloser.

Нина. Ничего, мне легче от этого... Я уже два года не плакала. Вчера поздно вечером я пошла посмотреть в саду, цел ли наш театр. А он до сих пор стоит. Я заплакала в первый раз после двух лет, и у меня отлегло, стало яснее на душе. Видите, я уже не плачу. *(Берет его за руку.)* Итак, вы стали уже писателем... Вы писатель, я – актриса... Попали и мы с вами в круговорот... Жила я радостно, по-детски – проснешься утром и запоешь; любила вас, мечтала о славе, а теперь? Завтра рано утром ехать в Елец в третьем классе... с мужиками, а в Ельце образованные купцы будут приставать с любезностями. Груба жизнь!

Треплев. Зачем в Елец?

Нина. Взяла ангажемент на всю зиму. Пора ехать.

Треплев. Нина, я проклинал вас, ненавидел, рвал ваши письма и фотографии, но каждую минуту я сознавал, что душа моя привязана к вам навеки. Разлюбить вас я не в силах, Нина. С тех пор, как я потерял вас и как начал печататься, жизнь для меня невыносима, – я страдаю... Молодость мою вдруг как оторвало, и мне кажется, что я уже прожил на свете девяносто лет. Я зову вас, целу́ю землю, по которой вы ходили; куда бы я ни смотрел, всюду мне представляется ваше лицо, эта ласковая улыбка, которая светила мне в лучшие годы моей жизни...

Нина *(растерянно)*. Зачем он так говорит, зачем он так говорит?

Треплев. Я одинок, не согрет ничьей привязанностью, мне холодно, как в подземелье, и, что бы я ни писал, все это сухо,

---

круговоро́т: Kreislauf, Wirbel, Strudel.
Еле́ц: Elec – Provinzstadt im Gebiet Lipeck mit rd. 108.000 (1897: 47.000) Einwohnern, südlich von Tula, ca. 350 km südöstlich von Moskau, »am linken Ufer der Ssoßná freundlich gelegen, mit vielen Fabriken und ansehnlichem Viehandel« (Baedeker Russland 1904).
пристава́ть (umg., uv.): sch aufdrängen, belästigen, bestürmen.
любе́зность (f.): Liebenswürdigkeit, Freundlichkeit.
гру́бый: grob, rau, schroff, ruppig, grausam.
проклина́ть (uv.): verfluchen.
наве́ки (adv.): für immer.
оторва́ть (оторву́, -вёшь; v.): abreißen.
согре́т: p.pt.p. von согреть (v.). erwärmen.
ничье́й (ничья́, ничьё; Poss. pr.): niemandem gehörig.
подземе́лье: Verließ, unterirdisches Gewölbe.

черство, мрачно. Останьтесь здесь, Нина, умоляю вас, или позвольте мне уехать с вами!

Нина быстро надевает шляпу и тальму.

Нина, зачем? Бога ради, Нина... *(Смотрит, как она одевается.)*

Пауза.

Нина. Лошади мои стоят у калитки. Не провожайте, я сама дойду... *(Сквозь слезы.)* Дайте воды...

Треплев *(дает ей напиться)*. Вы куда теперь?

Нина. В город.

Пауза.

Ирина Николаевна здесь?

Треплев. Да... В четверг дяде было нехорошо, мы ей телеграфировали, чтобы она приехала.

Нина. Зачем вы говорите, что целовали землю, по которой я ходила? Меня надо убить. *(Склоняется к столу.)* Я так утомилась! Отдохнуть бы... отдохнуть! *(Поднимает голову.)* Я – чайка... Не то. Я – актриса. Ну, да! *(Услышав смех Аркадиной и Тригорина, прислушивается, потом бежит к левой двери и смотрит в замочную скважину.)* И он здесь... *(Возвращаясь к Треплеву.)* Ну, да... Ничего... Да... Он не верил в театр, все смеялся над моими мечтами, и мало-помалу я тоже перестала верить и пала духом... А тут заботы любви, ревность, постоянный страх за маленького... Я стала мелочною, ничтожною, играла бессмысленно... Я не знала, что делать с руками, не умела стоять на сцене, не владела голосом. Вы не понимаете этого состояния, когда чувствуешь, что играешь ужасно. Я – чайка. Нет, не то... Помните, вы подстрелили чайку? Случайно пришел человек, увидел и от нечего делать погубил... Сюжет для небольшого рассказа... Это не то... *(Трет себе лоб.)* О чем я?.. Я говорю о сцене. Теперь уж я не так... Я уже настоящая актриса, я играю с наслаждением, с восторгом, пьянею на сцене и чувствую себя прекрасной. А теперь, пока живу здесь,

---

чёрствый: hart, altbacken, hartherzig.
кали́тка: Pforte, Tor.
утоми́ться (v.): ermüden, erschöpfen, auspumpen.
замо́чная сква́жина: Schlüsselloch.
пасть (паду́, падёшь, v.) **ду́хом:** den Mut sinken lassen.
ме́лочный: kleinlich.
ничто́жный: unbedeutend.
пьяне́ть (uv.): berauscht werden, im Rausch sein.

я все хожу пешком, все хожу и думаю, думаю и чувствую, как с каждым днем растут мои душевные силы... Я теперь знаю, понимаю, Костя, что в нашем деле – все равно, играем мы на сцене или пишем – главное не слава, не блеск, не то, о чем я мечтала, а уменье терпеть. Умей нести свой крест и веруй. Я верую и мне не так больно, и когда я думаю о своем призвании, то не боюсь жизни.

Треплев *(печально)*. Вы нашли свою дорогу, вы знаете, куда идете, а я все еще ношусь в хаосе грез и образов, не зная, для чего и кому это нужно. Я не верую и не знаю, в чем мое призвание.

Нина *(прислушиваясь)*. Тсс... Я пойду. Прощайте. Когда я стану большою актрисой, приезжайте взглянуть на меня. Обещаете? А теперь... *(Жмет ему руку.)* Уже поздно. Я еле на ногах стою... я истощена, мне хочется есть...

Треплев. Останьтесь, я дам вам поужинать...

Нина. Нет, нет... Не провожайте, я сама дойду... Лошади мои близко... Значит, она привезла его с собою? Что ж, все равно. Когда увидите Тригорина, то не говорите ему ничего... Я люблю его. Я люблю его даже сильнее, чем прежде... Сюжет для небольшого рассказа... Люблю, люблю страстно, до отчаяния люблю. Хорошо было прежде, Костя! Помните? Какая ясная, теплая, радостная, чистая жизнь, какие чувства, – чувства, похожие на нежные, изящные цветы... Помните? *(Читает.)* «Люди, львы, орлы и куропатки, рогатые олени, гуси, пауки, молчаливые рыбы, обитавшие в воде, морские звезды и те, которых нельзя было видеть глазом, – словом, все жизни, все жизни, все жизни, свершив печальный круг, угасли. Уже тысячи веков, как земля не носит на себе ни одного живого существа, и эта бедная луна напрасно зажигает свой фонарь. На лугу уже не просыпаются с криком журавли, и майских жуков не бывает слышно в липовых рощах...» *(Обнимает порывисто Треплева и убегает в стеклянную дверь.)*

уме́нье = уме́ние: Fähigkeit.
терпе́ть (терплю́, те́рпишь, uv.): leiden, ertragen, aushalten.
призва́ние: Berufung, Mission.
грёза: Traumbild.
е́ле (adv.): kaum.
истощённый: erschöpft, entkräftet.
изя́щный: elegant, auserlesen, fein.

Треплев *(после паузы)*. Нехорошо, если кто-нибудь встретит ее в саду и потом скажет маме. Это может огорчить маму...

В продолжение двух минут молча рвет все свои рукописи и бросает под стол, потом отпирает правую дверь и уходит.

Дорн *(стараясь отворить левую дверь)*. Странно. Дверь как будто заперта... *(Входит и ставит на место кресло.)* Скачка с препятствиями.

Входят Аркадина, Полина Андреевна, за ними Яков с бутылками и Маша, потом Шамраев и Тригорин.

Аркадина. Красное вино и пиво для Бориса Алексеевича ставьте сюда, на стол. Мы будем играть и пить. Давайте садиться, господа.

Полина Андреевна *(Якову)*. Сейчас же подавай и чай. *(Зажигает свечи, садится за ломберный стол.)*

Шамраев *(подводит Тригорина к шкапу)*. Вот вещь, о которой я давеча говорил... *(Достает из шкапа чучело чайки.)* Ваш заказ.

Тригорин *(глядя на чайку)*. Не помню! *(Подумав.)* Не помню!

Направо за сценой выстрел; все вздрагивают.

Аркадина *(испуганно)*. Что такое?

Дорн. Ничего. Это, должно быть, в моей походной аптеке что-нибудь лопнуло. Не беспокойтесь. *(Уходит в правую дверь, через полминуты возвращается.)* Так и есть. Лопнула склянка с эфиром. *(Напевает.)* «Я вновь пред тобою стою очарован...»

Аркадина *(садясь за стол)*. Фуй, я испугалась. Это мне напомнило, как... *(Закрывает лицо руками.)* Даже в глазах потемнело...

Дорн *(перелистывая журнал, Тригорину)*. Тут месяца два назад была напечатана одна статья... письмо из Америки, и я хотел вас спросить, между прочим... *(берет Тригорина за талию и отво-*

огорчи́ть (v.): Kummer bereiten, betrüben.
отвори́ть (v.): öffnen.
ска́чка: Pferderennen.
препя́тствие: Hindernis.
да́веча (alt.): vor kurzem.
вы́стрел: Schuss.
вздра́гивать (uv.): zusammenzucken, zusammenfahren, erschrecken.
похо́дная апте́ка: Reiseapotheke.
ло́пнуть: (zer)bersten, platzen.
скля́нка: Glas.
эфи́р: Äther.
потемне́ть (v.): dunkel werden, sich verfinstern, schwarz (vor Augen) werden.

дит к рампе)... так как я очень интересуюсь этим вопросом... *(Тоном ниже, вполголоса.)* Уведите отсюда куда-нибудь Ирину Николаевну. Дело в том, что Константин Гаврилович застрелился...

Занавес

застрели́ться (v.): sich erschießen.

Editorische Notiz

Wiedergabe des russischen Textes nach: Anton P. Čechov: Čajka (Die Möwe), in: Ders., Polnoe sobranie sočinenij i pisem v tridcati tomach. Sočinenija v 18 tomach. Hrsg. N. V. Bel'čikov [u. a.], 30 Bde., Moskva: Nauka, 1974–1983, Bd. 13 (1978): P'esy (1895–1904), S. 3–60. – Die Vokabelhilfen orientieren sich am Niveau B2 (Gemeinsamer Europäischer Referenzrahmen für Sprachen).

Verwendete Abkürzungen

adv.	adverbial
Akk.	Akkusativ
alt.	veraltet
buchspr.	buchsprachlich
Dat.	Dativ
Dim.	Diminutiv
f.	Femininum
G. / Gen.	Genitiv
g.pr.a.	Adverbialpartizip des Präsens
g.pt.a.	Adverbialpartizip des Präteritums
Imp.	Imperativ
Int.	Interjektion
iron.	ironisch
jdm.	jemandem
jdn.	jemanden
Konj.	Konjunktion
m.	Maskulinum
part.	Partikel
Pl.	Plural
Poss. pr.	Possessivpronomen
Präp.	Präpositiv
Prät.	Präteritum
p.pr.a.	Partizip Präsens Aktiv
p.pt.p.	Partizip Präteritum Passiv
umg.	umgangssprachlich
unpers.	unpersönlich
uv.	unvollendeter Verbaspekt
v.	vollendeter Verbaspekt

Zeittafel zu Anton Čechovs Leben und Werk

1860 17. (29.) 1. geboren in Taganrog; Vater Kaufmann; vier Geschwister

1869 Gymnasium in Taganrog (am Asovschen Meer) bis 1879

1879 Studium der Medizin an der Universität Moskau, Abschluss 1884

1880 Beginn von Čechovs literarischer Tätigkeit für verschiedene Zeitschriften und Zeitungen; er schreibt hauptsächlich Kurzgeschichten unter Pseudonymen, so z. B. »Antoša Čechonte«. Mit Honoraren finanziert er sein Medizinstudium; zwischen 1883 und 1886 schreibt er durchschnittlich 120 Kurzgeschichten im Jahr

1884 Erster Erzählband *Märchen der Melpomene (Сказки Мельпомены);* Ausübung des Arztberufes in Moskau und später in Melichovo

1885 Freundschaft mit Alexej Suvorin, dem Herausgeber der Zeitung »Neue Zeit« (Новое время)

1886 Verlagerung des Schwerpunktes auf die schriftstellerische Arbeit; Erzählband *Bunte Erzählungen (Пестрые рассказы);* Erzählung *Kummer (Тоска)*

1887 Weitere Sammelbände: *Unschuldige Worte (Невинные речи), In der Dämmerung (В сумерках),* für letzteren Erzählband erhält Čechov 1888 den Puškin-Preis; 19.11.: erfolgreiche Uraufführung des Schauspiels *Ivanov (Иванов)*

1888 Erzählung *Die Steppe (Степь);* August: Veröffentlichung und Uraufführung des Einakters *Der Bär (Медведь)*

1889 Veröffentlichung und Uraufführung des Einakters *Der Heiratsantrag (Предложение);* Erzählung *Eine langweilige Geschichte (Скучная история;* Uraufführung der Komödie *Der Waldschrat (Леший)*

1890 21.4.: Reise nach Sachalin (bis 8.12.); Buchausgabe der Reiseaufzeichnungen *Die Insel Sachalin (Остров Сахалин)* 1895

1891 Auslandsreise nach Österreich, Italien, Frankreich; Erzählung *Das Duell (Дуэль)*

1892 Kauf des Landgutes Melichovo bei Moskau; starkes soziales Engagement: Einrichtung von Schulen, kostenlose ärztliche Versorgung der Bauern; kämpft gegen Choleraepidemie; Erzählung *Krankenzimmer Nr. 6 (Палата Nr. 6)*

1893 Übersiedlung nach Melichovo

1894 Erzählung *Der schwarze Mönch (Черный монах);* Reisen nach Jalta, Wien, Mailand, Genf, Nizza, Paris, Berlin; verschlechterter Gesundheitszustand

1895	Čechov trifft Lev Tolstoj auf dessen Landgut in Jasnaja Poljana
1896	Praxisaufgabe wegen Lungenkrankheit
1896	Bau einer Schule bei Melichovo; Veröffentlichung und wenig erfolgreiche Uraufführung des Dramas *Die Möwe (Чайка)* (17.11.) im Petersburger Alexandra-Theater; 17.12.1898: erfolgreiche zweite »Uraufführung« am Moskauer Künstlertheater (MChT) unter der Regie von V. Nemirovič-Dančenko und K. Stanislavskij
1897	Klinikaufenthalt in Moskau; Reise nach Paris, Biarritz und Nizza; Erzählung *Die Bauern (Мужики);* Theaterstück *Onkel Wanja (Дядя Ваня)*
1898	Erzählungen *Der Mensch im Futteral (Человек в футляре)*, *Stachelbeeren (Крыжовник)*, *Ionyč (Ионыч)*; Bekanntschaft mit Ol'ga Knipper
1899	Verkauf des Landgutes in Melichovo; Übersiedlung nach Jalta; Bekanntschaft mit Maksim Gor'kij; 26.10.: Premiere von *Onkel Wanja (Дядя Ваня)* am Moskauer Künstlertheater; Erzählung *Die Dame mit dem Hündchen* (*Дама с собачкой*)
1900	Erzählung *In der Schlucht (В овраге)*; Reise nach Wien, Pisa, Florenz, Rom und Nizza; Ehrenmitgliedschaft der Akademie der Wissenschaften in Moskau; 23.–24.10.: liest zusammen mit Schauspielern des Moskauer Künstlertheaters die erste Fassung der *Drei Schwestern (Три сестры)*; bis Dezember: Überarbeitung des Dramas
1901	Reise nach Nizza, Florenz, Rom; 31.1.: Uraufführung des Dramas *Drei Schwestern* im Moskauer Künstlertheater unter der Regie von Stanislavskij, Nemirovič-Dančenko und Lužskij; 25.5.: Heirat mit der Schauspielerin Ol'ga Knipper (1868–1959)
1902	Verleihung des Griboedov-Preises; Austritt aus der Akademie der Wissenschaften als Protest gegen den Ausschluss Gor'kijs
1903	Aufenthalt in Jalta; Verschlechterung des Gesundheitszustandes
1904	17.1.: Veröffentlichung und Premiere des Dramas Der *Kirschgarten (Вишневый сад);* Reise mit seiner Frau nach Badenweiler; 2. (15.) 7.: Čechov stirbt 44-jährig in Badenweiler; Beisetzung auf dem Friedhof des Moskauer Neujungfrauenklosters

Literaturhinweise

Ausgaben

Čechov, Anton P.: *Čajka* (Die Möwe), in: Polnoe sobranie sočinenij i pisem v tridcati tomach. Sočinenija v 18 tomach. Hrsg. von N. V. Bel'číkov [u. a.], 30 Bde., Moskva: Nauka, 1974–1983, Bd. 13 (1978): P'esy (1895–1904). S. 3–60.

Die Möwe. – Tschechoff, A. P. Gesammelte Werke. Bd. 3. Übers. von W. Czumikow u. M. Budimir. Jena: Diederichs 1902.

Die Möwe. – Tschechoff, A. Die Möwe. Schauspiel in 4 Aufz. Übers. von H. Beneke. Berlin: J. Harrwitz Nachf. 1902.

Die Möwe. Übers. von Peter Urban. Zürich: Diogenes 1973.

Die Möwe. Übers. von Kay Borowsky. Stuttgart: Reclam 1975.

Die Möwe. Übers. von Thomas Brasch. Frankfurt am Main: Suhrkamp 1985.

Die Möwe. Übers. von Andrea Clemen. Frankfurt am Main: Fischer TB 1996.

Die Möwe. Übers. von Ilma Rakusa. Düsseldorf: Artemis & Winkler 2006.

Sekundärliteratur (Auswahl)

Allen, David: Performing Chekhov. London 2000.

Asadowskij, Konstantin (Hrsg.): Rilke und Russland. Briefe, Erinnerungen, Gedichte. Frankfurt/M. 1986.

Auzinger, Helene: Čechov und das Nicht-zu-Ende-Sprechen. In: Welt der Slaven V (1960), S. 233–244.

Barricelli, Jean-Pierre (Hrsg.): Chekhov's Great Plays. A Critical Anthology. New York/London 1981.

Bartlett, Rosamund: Anton Čechov: Eine Biographie. Wien 2004.

Bauer, Gerhard: Lichtstrahl aus Scherben. Frankfurt a. M. 2000.

Bednarz, Klaus: Theatralische Aspekte der Dramenübersetzung. Dargestellt am Beispiel der deutschen Übertragungen und Bühnenbearbeitungen der Dramen Anton Čechovs, Wien 1969.

Bicilli, Petr M.: Anton P. Čechov. Das Werk und sein Stil, München 1966.

Birkenhauer, Theresia: Schauplatz der Sprache – das Theater als Ort der Literatur. Maeterlinck, Čechov, Genet, Beckett, Müller. Berlin 2005.

Bloom, Harold: Anton Chekhov: Modern Critical Views. Philadelphia 1999.

Borny, Geoffrey: Interpreting Chekhov. Canberra 2006.

Brühl, Christine Gräfin von: Die nonverbalen Ausdrucksmittel in Anton Čechovs Bühnenwerk Frankfurt am Main [u. a.] 1996.

Čechov, Anton P.: Čechov Briefe. 1897–1901. Herausgegeben und übersetzt von Peter Urban. Zürich 1983.

–: Über Theater. Hg. von Jutta Hercher und Peter Urban. Frankfurt am Main 2004.

Čechoviana. Čechov i »serebrjanyj vek«. Moskau 1996.

Čechoviana. Polet *Čajki*. V. V. Gul'čenko u. a. (Hrsg.), Moskau 2001.

Čudakov, Aleksandr: Die Möwe. In: Bodo Zelinsky (Hrsg.): Tschechows Dramen. Stuttgart 2003 Reclam UB 17523), S. 23–46.

–: Mir Čechova: vozniknovenie i utverždenie. Moskva 1986.

–: (Hrsg.): Poėtika Čechova. Moskva 1971.

Čupasov, Vadim: Prišel, uvidel, pogubil: zrimoe i slyšimoe v *Čajke* A. P. Čechova. In: Nohejl, Regine; Setzer, Heinz (Hrsg.): Anton P. Čechov – der Dramatiker. Drittes internationales Čechov-Symposium Badenweiler im Oktober 2004. München/Berlin 2012, S. 198–205.

Curtis, James M.: Ephebes and Precursors in Chekhov's »The Seagull«. In: Slavic Review 44. 1985, S. 423–437.

De Maegd-Soep, Carolina: Chekhov and Women: Women in the Life and Work of Chekhov. Columbus, Ohio 1987.

Deppermann, Maria: Polyphones Drama – Molekulare Revolution. Čechov als Integrationsfigur der Theatermoderne. In: Nohejl, Regine; Setzer, Heinz (Hrsg.): Anton P. Čechov – der Dramatiker. Drittes internationales Čechov-Symposium Badenweiler im Oktober 2004. München/Berlin 2012, S. 51–78.

Dlugosch, Ingrid: Anton Pavlovič Čechov und das Theater des Absurden. München 1977.

Ebbinghaus, Andreas: Die Möwe. In: Anton Tschechow. Der Kirschgarten. Dramen. Mit einem Nachwort von Andreas Ebbinghaus, Glossar und Zeittafel. Düsseldorf 2006, S. 546–549.

Eekman, Thomas A. (Hrsg.): Critical Essays on Anton Chekhov. Boston 1989.

Finke, Michael C.: Seeing Chekhov. Ithaca/NY 2005.

Frayn, Michael: Chekhov Plays. London 1988.

Freise, Katja: Vom tragischen zum mythischen Drama. Eine kulturtheoretische Untersuchung am Beispiel der Dramen Anton Čechovs. [Diss.]. Universität Oldenburg 2001.

Gilman, Rebecca: »The Seagull«. Art and Love, Love and Art. In: South Atlantic Quarterly 91. 1992., S. 257–287.

Ginzburg, Natalia: Anton Čechov. Ein Leben. Berlin 2009 (WAT 607).

Golovačeva, Alla G.: »Dekadent« Treplev i blednaja luna. In: Čechoviana. Čechov i »serebrjanyj vek«. Moskau 1996, S. 186–194.

Gottlieb, Vera: Chekhov and the Vaudeville. Cambridge 1982.

–: Chekhov in Performance in Russia and Soviet Russia. New Jersey 1984.

Gottlieb, Vera, Allain, Paul (Hrsg.): The Cambridge Companion to Chekhov. Cambridge 2000.

Grob, Thomas: Die inszenierte Kluft zwischen Kunst und Leben. Čechovs *Čajka* als metafiktionaler Text. In: Zeitschrift für Slavische Philologie 55.1995/1996, S. 264–289.

Hahn, Beverly: Chekhov: A Study of the Major Stories and Plays. Cambridge 1977.

Herlth, Jens: Anton Čechov: *Čajka* (Die Möwe). In: Das russische Drama. Hg. von B. Zelinsky unter Mitarbeit von J. Herlth. Köln u. a. 2012, S. 230–247; 490–493.

Hielscher, Karla: Tschechow. München/Zürich 1987.

Hingley, Robert: A New Life of Anton Chekhov. New York 1976.

–: Russian Writers and Society 1825–1904. London 1967.

Hübner, Friedrich: Die Personendarstellung in den Dramen Anton P. Čechovs. Amsterdam 1971.

Jackson, Robert Louis (Hrsg.): Chekhov. A Collection of Critical Essays. Englewood Cliffs 1967.

Jones, W. Gareth: »The Seagull's« Second Symbolist Play-Within-the-Play. In: Slavonic and East European Review, Vol. 53, No. 130 (1975), S. 17–26.

Karlinsky, Simon, Heim, Michael Henry: Anton Chekhov's life and Thought. Berkeley 1975.

–: If Only We Could Know!: An Interpretation of Chekhov. Chicago 2002.

Kipp, Maia A.: A Subject for a Short Story, Or in Defense of Trigorin. In: Kataev, Vladimir B./Kluge, Rolf-Dieter/Nohejl, Regine (Hrsg.): Anton P. Čechov. Philosophische und religiöse Dimensionen im Leben und im Werk. Vorträge des II. Internationalen Čechov-Symposiums Badenweiler. 20.–24.10.1994, 1 (1997), S. 567–574.

Kirschstein-Gamber, Birgit: Die Čechov-Szene. Untersuchungen zu Text und Realisierung der Regieanweisungen im Drama Anton Pavlovič Čechovs. Freiburg im Breisgau, Univ. Diss. 1979.

Kissel, Wolfgang Stephan: Čechovs Kosmos. Theater, Raum, Zeit. Köln, Weimar, Wien 2012.

Kluge, Rolf-Dieter: Anton P. Čechov. Eine Einführung in Leben und Werk. Darmstadt 1995.

– (Hrsg.): Anton P. Čechov. Werk und Wirkung. Vorträge und Diskussionen eines internationalen Symposiums in Badenweiler im Oktober 1985. 2 Bde., Wiesbaden 1990. (Opera slavica NF 18).

–: A. P. Čechovs dramatische Dichtungen. In: Nohejl, Regine; Setzer, Heinz (Hrsg.): Anton P. Čechov – der Dramatiker. Drittes internationales Čechov-Symposium Badenweiler im Oktober 2004. München/Berlin 2012, S. 15–28.

–: Zynische Ärzte in A. P. Čechovs Dramen. In: Kataev, Vladimir B., Kluge, Rolf-Dieter, Nohejl, Regine (Hrsg.): A. P. Čechov – Philosophische und religiöse Dimensionen im Leben und Werk. Vorträge des Zweiten Internationalen Čechov-Symposiums Badenweiler, 20.–24. Oktober 1994. München, 1997, S. 91–97.

Krinicyn, Aleksandr: Poėtika i semantika pauz v dramaturgii Čechova. In: Nohejl, Regine; Setzer, Heinz (Hrsg.): Anton P. Čechov – der Dramatiker. Drittes internationales Čechov-Symposium Badenweiler im Oktober 2004. München/Berlin 2012, S. 176–185.

Leithold, Franz-Josef: Studien zu A. P. Čechovs Drama »Die Möwe«. München 1989.

Magarshack, David: Chekhov the Dramatist. London, 1980.

Martin, David: Philosophy in Chekhov's Major Plays. In: Die Welt der Slawen 23 (1978) S. 122–139.

Melchinger, Siegfried: *Die Möwe*. In: S. M.: Tschechow. Velber bei Hannover 1968 (Friedrichs Dramatiker des Welttheaters, 57) S. 96–106.

Mrosik, Julius: Vom Symbolmotiv der Möwe in Čechovs »Čajka« und seiner Herkunft. In: Die Welt der Slaven, Vierteljahrschrift für Slavistik, Jahrgang XII. 1967, S. 22–58.

Nabokov, Vladimir: Notes on »The Seagull«. In: V. N.: Lectures on Russia Literature. New York 1981, S. 282–296.

Nemirowitsch-Dantschenko, Wladimir, Stanislawski, Konstantin: Tschechow oder die Geburt des modernen Theaters. Hg. Dieter Hoffmeier. Berlin/Köln 2011.

Nohejl, Regine; Setzer, Heinz (Hrsg.): Anton P. Čechov – der Dramatiker. Drittes internationales Čechov-Symposium Badenweiler im Oktober 2004. München/Berlin 2012.

Papernyj, Zinovij S.: *Čajka* A. P. Čechova. Moskau 1980.

Peace, Richard: »The Seagull«. In: Chekhov. A Study of the Four Major Plays. New Haven [u. a.] 1983, S. 17–49.

–: The Chekhov Play: A New Interpretation. Berkeley 1985.

Rayfield, Donald: Anton Chekhov: A Life. New York 1998.

–: »The Seagull«. In: Understanding Chekhov: A Critical Study of Chekhov's Prose and Drama. London 1999, S. 135–149.

Redmond, James: Drama and Symbolism: Themes in Drama 4. Cambridge 1982.

Russell, Robert, Barratt, Andrew (Hg.): Russian Theatre in the Age of Modernism. London 1990.

Scheck, Frank Rainer: Anton Čechov. München 2004.

Scheibitz, Christina: Mensch und Mitmensch im Drama Anton Čechovs: Analyse der Dialogtechnik. Göppingen 1972.

Senelick, Laurence: The Chekhov Theatre: A Century of the Plays in Performance. Cambridge 1997.

Stanislawski, Konstantin S.: Mein Leben in der Kunst. Berlin 1987.

Steltner, Ulrich: Über Čechov und über die Zeit: Eine literaturwissenschaftliche Erörterung. Zeitschrift für Slawistik: Vol. 53, No. 4 (2008), S. 456–466.

Stepanov, Andrej D.: Problemy kommunikacii u Čechova. Moskva 2005.

Strel'cova, Elena: Vnesceničeskie motivy dramaturgii Čechova (*Čajka* i *Tri sestry*). In: Nohejl, Regine; Setzer, Heinz (Hrsg.): Anton P. Čechov – der Dramatiker. Drittes internationales Čechov-Symposium Badenweiler im Oktober 2004. München/Berlin 2012, S. 191–197.

Stroeva, Marianna N.: Čechov i drugie. Moskva 2009.

Szondi, Peter: Die Krise des Dramas: Tschechow. In: P. S.: Theorie des modernen Dramas (1880–1950). Frankfurt am Main ^{9}1973 (es 27) S. 32–40.

Tigges, Stefan: *Die Möwe* als Schauplatz ästhetischer Diskurse. Tendenzen in der europäischen Aufführungspraxis. In: Nohejl, Regine; Setzer, Heinz (Hrsg.): Anton P. Čechov – der Dramatiker. Drittes internationales Čechov-Symposium Badenweiler im Oktober 2004. München/Berlin 2012, S. 594–608.

–: Von der Weltseele zur Über-Marionette: Cechovs [sic!] Traumtheater als avantgardistische Versuchsanordnung. Bielefeld 2010.

Urban, Peter (Hrsg.): Anton Čechov. Sein Leben in Bildern. Zürich 2003.

–: Čechov Chronik. Daten zu Leben und Werk. Zürich 2004.

–: »Entscheidend ist der Ton«. Über die Kunst, Čechov zu übersetzen. In: Tintenfass. Das Magazin für den überforderten Intellektuellen. Nr. 28 (2004) S. 95–98.

–: Über Čechov. Zürich 1988.

Volčkevič Majja: *Čajka*. Komedia zabluždenij. Moskau 2010.

Winner, Thomas Gustav: A. P. Chekhov's »Seagull« and Shakespeare's »Hamlet«. In: American Slavic and East European Review 15.1956, S. 103–112.

Wolfheim, Elsbeth: Anton Čechov in Selbstzeugnissen und Bilddokumenten. Reinbek bei Hamburg 1982.

–: The Moscow Art Theatre. London/New York 1996.

Wörn, Dietrich: Čechovs Dramen und das Theater der Symbolisten. In: Nohejl, Regine; Setzer, Heinz (Hrsg.): Anton P. Čechov – der Dramatiker. Drittes internationales Čechov-Symposium Badenweiler im Oktober 2004. München/Berlin 2012, S 79–88.

Wyneken, Ruth: Gedanken zu einer theaterpraktisch orientierten dramaturgischen Strukturanalyse am Beispiel von Anton Čechovs Stück *Die Möwe*. In: Nohejl, Regine; Setzer, Heinz (Hrsg.): Anton P. Čechov – der Dramatiker. Drittes internationales Čechov-Symposium Badenweiler im Oktober 2004. München/Berlin 2012, S. 216–222.

Zingerman, Boris: Teatr Čechova i ego mirovoe značenie. Moskva 2001.

Internet (kleine Auswahl):

http://ilibrary.ru/author/chekhov/
http://lib.ru/LITRA/CHEHOW/
http://public-library.narod.ru/Chekhov.Anton/
http://bildungsserver.hamburg.de/tschechow/
http://chehov.niv.ru/
https://chekhovmuseum.com/theatre/repertoire/chekhov-seagull/
http://chehov-lit.ru/chehov/text/chajka-primechaniya.htm

Nachwort

Wer bin ich?
Was bin ich?
(Konstantin Treplëv)

Das erste der vier großen Bühnenwerke Čechovs, die »Komödie in vier Akten« *Чайка* (*Die Möwe*), ist in den Augen des amerikanischen Dramatikers Tennessee Williams das bedeutendste Werk des modernen Theaters und gilt gemeinhin als rätselhaftestes Stück des Autors. *Die Möwe*, ein Drama über die Verquikkung von Kunst und Leben, Schriftstellern und Schauspielerinnen, über Erfolg und Scheitern, über die Diskrepanz zwischen Illusion, Sehnsucht nach Glück und Realität, stößt bis heute auf eine nachhaltige Resonanz in der internationalen Theaterwelt. Die Zuschauer der Uraufführung am 17. Oktober 1896 im St. Petersburger Aleksandrinskij-Theater, die ein traditionelles (aristotelisches) Ereignisdrama mit komplizierten Intrigen, einem spannenden Handlungsablauf, mit Anfang, Höhepunkt und Schluss, mit zentralen »Helden« und markigen Dialogen erwarteten, wurden bitter enttäuscht; hatten sie doch ferner ein amüsantes Stück, eine »echte« Komödie, erhofft, da sie zu einer Benefizveranstaltung für die wegen ihrer komischen Rollen populären Schauspielerin Elizaveta Levkeeva gekommen waren. Stattdessen erlebte das auf die Andersartigkeit des Theaterstücks unvorbereitete Publikum eine wenig gelungene Inszenierung des Regisseurs Evtichij Karpov, der die außergewöhnliche, ja provokante tschechowsche Konzeption des »polyphonen Dramas« in einer Mischung aus Dialog und Erzählung, aus Text und szenischem Geschehen wohl aus Zeitnot wenig überzeugend umsetzen konnte und befremdliche Szenen zu »glätten« versuchte.[1] Die Aufführung, die insgesamt die Ausgewogenheit der Darstellung von Komik und Ernsthaftigkeit vermissen ließ und von Anfang an – besonders während Ninas Monolog in Treplëvs symbolistischen Monodrama von der »Weltseele« – durch Buhrufe und pausenlosem Gelächter des verständnislosen Publikums begleitet wurde, war ein Flop; der gekränkte Čechov verließ nach dem zweiten Akt das Theater und kurz darauf St. Petersburg und konnte sich nach Aussage des Dramaturgen Vladimir Nemirovič-Dančenko »von diesem Schlag lange nicht erholen.« Er musste sechs Jahre nach dem Misserfolg des Stücks *Lešij* (Der Waldschrat,

---

[1] Deppermann (2012), S. 51–78; Herlth (2012), S. 231; Kissel (2012), S. 62. – An den Verleger A. S. Suvorin schrieb Čechov am 22. Oktober 1896: »Es hat doch im Grunde nur eine einzige Probe gegeben, auf der nichts zu verstehen war; vor lauter widerwärtigem Spiel war das Stück gar nicht mehr zu sehen.« Zitiert nach der Übersetzung von Urban, in: Anton Čechov, Briefe (2004), S. 246.

1889) eine weitere Schlappe einstecken und äußerte unmissverständlich, dass er »nie wieder Stücke schreiben oder aufführen« lassen werde.[2] Die Kritiken in der Presse waren vernichtend; sie charakterisierten das Stück als banales, widersprüchliches, detailversessenes und handlungsarmes Lesedrama ohne theatralische Effekte, das konventionelle dramatische Darstellungsprinzipien gesprengt habe.[3] Nach fünf Vorstellungen wurde das Stück vom Spielplan genommen. Čechov hatte den Misserfolg des Stücks bereits vorher geahnt.[4] Am 21. Oktober 1895 stellte er knapp in einem Brief an den Verleger Aleksej Suvorin sein neues Bühnenwerk vor: »Stellen Sie sich vor, ich schreibe an einem Stück, das ich, wahrscheinlich, nicht vor Ende November abschließen werde. Ich schreibe nicht ohne Vergnügen daran, obwohl ich mich schrecklich an den Bedingungen der Bühne vergehe. Eine Komödie, drei Frauenrollen, sechs Männerrollen, vier Akte, eine Landschaft (Blick auf einen See); viele Gespräche über die Literatur, wenig Handlung, fünf Pud Liebe.«[5] Nach Abschluss des Stücks äußerte er Zweifel an seinen Fähigkeiten als Dramatiker; am 21. November 1895 schrieb er an Suvorin: »Nun denn, ich habe mein Stück abgeschlossen. Ich habe es f o r t e begonnen und p i a n i s s i m o beendet – gegen alle Regeln der dramatischen Kunst. Es ist eine Novelle geworden. Ich bin eher unzufrieden als zufrieden, und wenn ich mein neugeborenes Stück lese, gelange ich einmal mehr zu der Überzeugung, dass ich absolut kein Dramatiker bin.«[6] Nach der Uraufführung beklagte er sich am 1. November 1896: »Von der ersten Vorstellung habe ich nicht alles gesehen, aber das, was ich gesehen habe, war matt, grau, düster, hölzern. Die Besetzung war nicht von mir, man hat mir kein eigenes Bühnenbild bewilligt, es hat nur zwei Proben gegeben, die Schauspieler konnten ihre Rollen nicht; schlecht gespielt hat sogar die Komissarževskja, die auf einer der Proben wun-

---

[2] Brief an Suvorin vom 18. Oktober 1896, S. 244. Am selben Tag teilte er seinem jüngeren Bruder Michail P. Čechov mit: »Mein Stück ist mit Pauken und Trompeten durchgefallen. [...] Die Schauspieler haben widerwärtig, dumm gespielt. Daraus folgt die Moral: man soll keine Stücke schreiben.«, S. 244.

[3] Čudakov (2003), S. 24–28. – Die negative Einschätzung des Stücks als ein »undramatisches Drama« wurde 1889 in einer Kritik in der Zeitschrift »Russkaja mysl'« in die Welt gesetzt; dieses Klischee wurde 1926 von Dmitrij Mirskij aufgegriffen, von Peter Szondi stabilisiert und – so Deppermann – für lange Zeit in der Čechov-Forschung unkritisch übernommen. Erst in den vergangenen Jahren hat sich dieses Negativbild geändert. (cf. Deppermann, 2012, S. 65f.).

[4] So in einem Brief an Suvorin am 16. Dezember 1895: »Mein Stück ist schon vor der Aufführung durchgefallen.« Briefe (2004), S. 241.

[5] ebd., S. 239.

[6] ebd., S. 240.

derbar gespielt hatte …«.[7] Im Kontrast zu der katastrophalen Pleite in St. Petersburg folgte am 17. Dezember 1898 eine überwältigende »zweite Uraufführung« am Moskauer Künstlertheater (MChAT) in der Regie von Konstantin Stanislavskij und Vladimir Nemirovič-Dančenko. In der Zwischenzeit, also zwischen Oktober 1896 und Dezember 1898, wurde *Die Möwe* auch in anderen Städten – so in Kiev, Odessa, Nižnij Novgorod, Char'kov – aufgeführt. Die Moskauer Inszenierung, in der Čechovs spätere Frau Ol'ga Knipper (1868–1959) die Rolle der Arkadina übernahm[8], trug zum internationalen Renommee des Stücks bei. In einem spontanen Jubeltelegramm vom 17./18. Dezember 1898 an den aus gesundheitlichen Gründen in Jalta auf der Krim weilenden Autor schwärmte die Theatertruppe von dem »kolossalen Erfolg«. Auch die Presse nannte »mit erstaunlicher Einmütigkeit« (Nemirovič-Dančenko) die Aufführung »glänzend, berauschend, gewaltig«. Eine vom russischen Jugendstilarchitekten Fëdor Šechtel' entworfene stilisierte Möwe als Emblem des Theaters (MChAT) erinnert bis heute an diesen Erfolg, der auch für Čechov selbst den entscheidenden Durchbruch als Dramatiker bedeutete.

Im Mittelpunkt des komplexen Dramas steht keine zentrale Figur, sondern das vielgestaltige Geflecht eines »Kollektivs«, bestehend aus zehn mehr oder minder gleichberechtigten Personen, wobei Čechov allerdings vier Charakteren (den Schauspielerinnen Arkadina und Nina sowie den Schriftstellern Treplëv und Trigorin) ein besonderes Augenmerk verleiht. Sie alle verbindet eine »gemeinsame Schicksals- und Stimmungslage« (Deppermann), deren subjektive, verschiedenartige Geschichten in einer Art des zufälligen »slice of life«, eines Lebensausschnittes, gleichzeitig erzählt werden. Wie in all seinen bedeutenden vier Stücken, geht es in der *Möwe* um den breitgefächerten Komplex von Lebensan-

---

7 ebd., S. 247. Čechov schätzte die Schauspielerin Vera Komissarževskja (1864–1910), die seit 1896 am Aleksandrinskij-Theater tätig war und zur berühmtesten russischen Schauspielerin um die Jahrhundertwende avancierte. Trotz aller Kritik hinterließ sie in den Aufführungen der *Möwe* in der Rolle der Nina Zarečnaja einen überwältigenden Eindruck. Čechov: »Die Komissarževskja ist eine wunderbare Schauspielerin. Auf einer der Proben haben viele, als sie sie sahen, geweint und gesagt, sie sei zurzeit die beste Schauspielerin in Russland.« Brief an A. F. Koni vom 11. November 1896, ebd., S. 249.

8 Ol'ga Knipper übernahm Hauptrollen in allen großen Čechov-Dramen: sie spielte die Elena Andreevna in *Onkel Vanja,* die Maša in *Drei Schwestern* und die Ranevskaja im *Kirschgarten.* Stanislavskij übernahm in der Moskauer Aufführung die Rolle des Trigorin, Vsevolod Mejerchol'd, einer der bekanntesten russischen Theaterregisseure des 20. Jahrhunderts, die des Treplëv. Čechov war allerdings unzufrieden mit der Rollenbesetzung der Nina durch die Schauspielerin Marija Roksanova und kritisierte Stanislavskijs Interpretation dieser Figur: »Über das Stück kann ich nicht kaltblütig urteilen, da die Möwe selber abscheulich spielte, ständig lauthals schluchzte.« – Čechov und Knipper heirateten 1901.

schauungen schlechthin. Čechovs Gestalten leben in einer orientierungslosen Gesellschaft ohne richtungsweisende Wertvorstellungen. Auch in diesem Werk stehen familiäre, weltanschauliche, ökonomische, amouröse Konflikte im Mittelpunkt des Geschehens. Dabei wird die Beziehung zwischen Mutter und Sohn (Arkadina – Treplëv) besonders fokussiert, die durch persönliche Differenzen und grundlegende weltanschauliche Meinungsverschiedenheiten über Kunst, Literatur und Theater determiniert ist.[9] Darüber hinaus wird die Handlung durch Generationenkonflikte, Rivalitäten und verwickelte Liebesbeziehungen kompliziert. Die Fülle von unerwiderten oder unglücklichen Liebesbeziehungen lässt wiederholt (tragi)komische Züge erkennen.

Es geschieht im gewohnheitsmäßigen, normalen Leben der Figuren in der Regel nichts Außergewöhnliches, jedoch trägt jeder sein Päckchen Schicksal, sucht nach Identität, nach dem Sinn des Lebens und wird von Alltäglichkeiten, von den Irrungen und Wirrungen, von den Zufälligkeiten des Seins erfasst. In der *Čajka*, wie auch in seinen folgenden großen Bühnenstücken, stellt Čechov den äußerst sensiblen, »empirischen Menschen« dar, wie er in seiner Buntheit und Vielgestaltigkeit ist – und nicht, wie er sein soll –, in einer Mixtur aus tragischen und komischen Momenten, aus wichtigen und weniger bedeutenden existentiellen Begebenheiten; so sinniert und parliert man unter anderem über Status, Arbeit, Beruf, Reputation, Selbstwertgefühl, Liebe, Ehe, Bildung, Kunst, Theater, Zeit, Pläne, Enttäuschungen. Čechov konzentriert sich auf den Menschen, »wie er leibt und lebt, determiniert durch Krankheit und Tod, Hunger und Durst, der Mensch, der weint, lacht und schnarcht, der nervös ist, vor sich hinpfeift, […], der immer vom selben redet, sich zu viel vornimmt und im ewigen Zwiespalt zwischen Sehnsucht und Realität die Sisyphosarbeit des täglichen Besorgens absolviert.«[10]

Čechovs Gestalten, die um ihre Grenzen und Vergänglichkeit wissen, geben sich wiederholt Illusionen hin; sie träumen von einer ungewissen Zukunft, räsonieren über eine unwiederbringliche Vergangenheit oder überlassen ihre Begeisterung, wie explizit in der *Möwe*, total der Literatur und dem Theater. Sie negieren die faktischen Realitäten der Gegenwart, bemitleiden sich, irren, warten, dass etwas geschieht, sind paralysiert (Sorin beschreibt sich: »L'homme, qui a voulu«: »Der Mensch, der wollte«, – aber nicht konnte), drehen sich in ihrem Denken, Fühlen und (Re)agieren »im engen Kreis ihres selbstbezogenen Bewusstseins« (Gerigk)

---

[9] Bereits in dem Einakter *Kalchas* (Schwanengesang; 1886), in dem ein betrunkener alter Schauspieler mit dem Souffleur über seine Lebenskrise philosophiert, setzt sich Čechov mit dem Verhältnis Schauspieler und Theater, Kunst und Leben auseinander.

[10] Gerigk (2012), S. 207.

und liefern somit ihr Leben einem »fortgesetzten Betrug« (Schopenhauer) aus. Die Beziehung der Figuren zu sich selbst und (Liebes)Beziehungen zu anderen sind gestört und/oder unerfüllbar. Illusion und Hoffnung auf Glück versteht Čechov als lebenswichtiges Elixier. Treplëv, der nervöse, enthusiastische junge, vaterlose Schriftsteller ohne Entscheidungssinn, dessen Dasein von einer zerrütteten ödipalen Beziehung zu seiner übermächtigen Mutter und einer kindlichen Rückwärtsorientierung geprägt ist, vereinsamt zunehmend und nimmt sich am Ende das Leben, nachdem er seine Lebensfreude und Hoffnungen auf literarisches und persönliches Glück aufgegeben hat; weder der Traum vom literarischen Durchbruch noch die begehrte Liebe zur jungen Schauspielerin Nina und sein Wunschtraum, von seiner affektierten, geltungshungrigen Mutter geliebt zu werden, erfüllen sich. Sein Unvermögen, zu einem mündigen, souveränen Wesen heranzureifen, endet für den psychisch-depressiven Treplëv unheilvoll in der Selbstvernichtung. Spannungen – etwa Eifersuchtsszenen –, Konflikte, Zerwürfnisse, Unglück und Missgeschick bleiben letztlich unbedeutend im Leben der Akteure und dienen nicht als Katalysatoren zur Katharsis. Entscheidende Änderungen durch aktives Handeln finden nicht statt: Das Leben geht in seinem eingespielten Trott weiter. Der Arzt Dorn »marginalisiert und bagatellisiert« (Kluge) am Schluss des Stücks den Freitod Treplëvs, als wäre nichts Substantielles geschehen. Life goes on.

Angespannte, »andersartige« Kommunikationsstrukturen sind kennzeichnend für die *Čajka*. Čechovs Sprachskepsis stellt, im Einklang mit der symbolistischen Poetik, die traditionelle Funktion von Sprache, objektive Wirklichkeit, d. h. wesentliche innere Wahrheiten und Erkenntnisse durch ein sprachliches Instrumentarium nachzuzeichnen, in Frage. Er verlagert den vermeintlich fehlenden äußeren Handlungsablauf,[11] der durch eine lose Szenenfolge von »Mikrosujets« gekennzeichnet ist, in den Kommunikationsprozess der Figuren. Sprechhandlungen transportieren kaum mehr Inhalte, sondern reflektieren die Befindlichkeiten der Personen. Kommunikative Prozesse verarmen, finden nicht mehr statt, verstummen, werden verhindert, sind übertrieben, depersonalisiert und/oder gestört – aber nicht gescheitert. Da sie nicht mehr an die Handlung geknüpft und ihrer Kommunikationsfunktion entbunden sind, werden Dialoge reduziert, lösen sich auf, übernehmen ein monologisches Format und werden

[11] Zentrale Ereignisse (etwa Treplëvs Suizid) verlagert Čechov auf die Hinterbühne bzw. ins Off. Ferner verwendet er das klassische Stilmittel des Botenberichts; so erzählt Treplëv in Akt 4 Dorn über Ninas Schicksal.

»zum Geständnis, zur Bitte, zur Reflexion, […] zur lyrischen Selbstaussage«[12]. Es ist bezeichnend für Čechovs *dramatis personae*, dass sie aneinander nicht zuhören und/oder verstehen (wollen) und meist vorbei anstatt miteinander reden, weil sie ausschließlich in ihrer eigenen inneren Welt weilen. In der *Möwe* ballen sich kommunikative Diskontinuitäten. Beispielsweise spricht im Gespräch zwischen Dorn und Treplëv der Arzt[13] sein Gegenüber auf dessen Kunst an, während der junge Schriftsteller sich nach Nina erkundigt; im Dialog drückt Treplëv Nina seine Liebe aus, wohingegen Nina ihn nach einer Baumart fragt. Sorin[14] und Dorn beharren auf ihrem jeweiligen Standpunkt und reden aneinander vorbei. Der Störungsgrad im unterentwickelten, stagnierenden Kommunikativverhalten von Maša und Medvenko[15] ist Ausdruck ihrer angespannten Ehebeziehung und seelischen Leere; der rechthaberische Verwalter Šamraev, der nach einer lächerlichen Differenz um Pferde zunehmend in Isolation gerät, fällt wegen seiner sprachlich reduzierten Repliken auf und nervt seine Umwelt mit unangebrachten Theateranekdoten. Die ichbezogene Arkadina redet zu Beginn des zweiten Aktes ausschließlich über sich selbst und ihre Verdrängung von Alter und Tod, ohne Mašas ernst gemeinte Äußerung der Lebensangst wahrzunehmen; Dorn, der nüchterne, oft ironisch-distanziert agierende Kommentator im Stück, entzieht sich dem Diskurs – wie so oft – mit einem Liedchen. Die »Lottoszene« am Schluss des Stücks, ein Kontrapunkt zu Treplëvs Monodrama, die bei der Kritik der St. Petersburger Aufführung auf völliges Unverständnis stieß, setzt einen abstrusen Höhepunkt im Aneinander-vorbei-Sprechen; wichtige Informationen und Urteile, die vor dem Hintergrund des Lottospiels, des Symbols der »sinnlos vergehenden Lebenszeit« (Herlth), geäußert werden, verpuffen in Nebensächlichkeiten, Unwichtigkeiten und Eitelkeiten; so erinnert sich die egozentrische Arkadina nur an ihre Erfolge und gesteht, aus Zeitgründen noch keines der Werke ihres Sohnes gelesen zu haben.

---

[12] Kluge (2012), S. 21.

[13] Čechov, selbst ausgebildeter Arzt, integriert in sein (dramatisches) Werk immer wieder Arzttypen und stellt ein ambivalentes Bild dieses Berufsstandes dar. Sie alle – neben Dorn Astrov in *Djadja Vanja*, Čebutykin in *Tri sestry*, L'vov in *Ivanov*, Trileckij in *Platonov* – sind intelligente Menschen mit Einblick in Missstände, aber auch Wissen um ihre Passivität, Gleichgültigkeit, Hilflosigkeit und ihres Zynismus.

[14] Sorin, Bruder der Arkadina, kränkelnder Gutsbesitzer, pensionierter Beamter, ist grundlegend unzufrieden, da er davon überzeugt ist, das Leben versäumt zu haben.

[15] Mašas unglückliche, pessimistische Grundhaltung äußert sich in ihrer schwarzen Kleidung sowie ihrem Konsum von Alkohol und Tabak. – Medvenko – der sprechende Name spielt auf Čechovs Farce *Der Bär* an (1888) – verkörpert den kleinkarierten, tollpatschigen, aber »schafsgeduldigen« Lehrertypus, der mehrfach gedemütigt wird. Andere Lehrertypen stellt Čechov beispielsweise mit Kulygin in *Tri sestry*, Platonov im gleichnamigen Drama oder mit dem Griechischlehrer Belikov in der Erzählung *Der Mensch im Futteral* dar.

Čechovs Figuren stoßen an das Limit ihrer kommunikativen Möglichkeiten, um stimmige Formulierungen zu finden. Treplëvs Isolation und Entfremdung spiegelt Čechov im Sprachverhalten seiner Figur wider; der immer einsilbiger werdende junge Schriftsteller kann am Ende, nach seinem persönlichen und künstlerischen Scheitern, kaum mehr an wirklichen kommunikativen Prozessen teilnehmen: »Sein Kommunikationsvermögen verarmt hier radikal, womit ihm seine Sprache ausgeht.«[16]

Čechovs Alltags- und »Salonsprache« scheint auf den ersten Blick einfach und verständlich zu sein, doch eröffnet sich im Subtext eine tieferliegende und hintergründige Dynamik. Der Autor konzediert dem Nicht-Ausgesprochenen und Nicht-Vorgefallenen einen wichtigeren Stellenwert als dem Geäußerten und Geschehenem: Von Wichtigkeit erweist sich also nicht nur das, »was gesagt wird, sondern oft mehr noch, was nicht gesagt wird oder was nicht gesagt, aber erahnt und verstanden oder auch nicht verstanden werden kann.«[17] Dialoge scheinen der generellen Sprachlosigkeit und dem Schweigen der Figuren Einhalt zu gebieten. Sprache ist nicht in der Lage, essentielle psychische und metaphysische Wahrheiten und Erkenntnisse zu formulieren.[18]

Čechov »dekonstruiert den elaborierten Code der Personenrede zum deformalisierten, diskontinuierlichen und perforierten Dialog«[19]: Die Alltagskommunikation der Figuren verläuft vielstimmig und vieldeutig (»polyphone Kommunikation«), wobei ein nuancierter, dichter, ja ökonomischer Stil mit auffälliger Poesiehaftigkeit sowie das Ineinandergreifen von verbalen und nicht-sprachlichen Komponenten, von gesprochenem Wort und szenischer Darbietung den »musikalischen Grundton« (Bednarz) und die Besonderheit der Čechovschen neuartigen Theatersprache ausmacht. Eine lockere Umgangssprache, stilisierte mündliche Rede (Skaz), Betonung des inneren Monologs, Redeabbrüche, Pausen – der Autor markiert in der *Möwe* insgesamt 36 Pausen –, ein Zurückweichen der Figuren durch Schweigen, Andeutungen und Assoziationen, sprunghafte Gespräche mit unerwartetem Themenwechsel, unzusammenhängendes Sprechen, deplatzierte Repliken, Beiläufigkeiten, gebrochene Syntax, Ellipsen, Anakoluthe, Nonsens-Phrasen, Diffusion von Sprichwörtern, Aktionen ohne Sprache, Gegenstände, akustische Mittel, Gesten u. a. sind von Čechov wiederholt eingesetzte Ausdrucksmittel, die vielfach nicht nur (tragi-)komische Situationen heraufbeschwören, sondern letztlich die Orientierungs- und Handlungslosigkeit der Figu-

---

[16] Tigges (2010), S. 153.
[17] Deppermann (2012), S. 71.
[18] Kluge (2012), S. 17.
[19] Deppermann (2012), S. 70.

ren widerspiegeln. Čechov entwickelt eine umfassende, bis ins Detail durchgestaltete Kommunikationsstrategie, die durch Widersprüche, Missverständnisse und Verständigungsschwierigkeiten sowie aus der Verknüpfung von Text und szenischem Hergang geprägt ist. Als Durchschauer und Diagnostiker menschlicher Sinneswahrnehmungen versucht der Autor somit, das Publikum zu Empathie und zum kritischen Nachdenken über das Weltbild seiner Figuren einzustimmen.

Obwohl in der *Möwe* deutlich die Abtrennung des Autors vom traditionellen aristotelischen Paradigma des Gattungsdramas und der Wendepunkt zum modernen, zunächst symbolistischen Theater augenscheinlich sind, sind seine Figuren »noch sorgfältig psychologisch und soziologisch motiviert, sind ‚lebendige Menschen' und noch keine Androiden oder entindividualisierte Kunstfiguren wie in der Theater-Avantgarde des 20. Jahrhunderts«.[20] Die Forschung ist sich einig, dass Čechov mit der *Čajka* nicht nur den Grundstock für Russlands Theatermoderne, sondern allgemein einen neuen Standard für die weltumspannende Theater-Avantgarde der Moderne gesetzt hat und unter anderem der fruchtbare Wegbereiter von Beckett, Ionesco, den Vertretern des Symbolismus, Futurismus und der Obėriuten um Charms und Vvedenskij war.

In seinem Bühnenwerk steht das Theater, das »Spiel im Spiel« (Akt 1), die Kunst und deren Sprache, im Fokus von Čechovs Interesse. Treplëvs häusliche »Liebhaberaufführung«[21], ein Monodrama, wird vor einer nächtlichen Seekulisse von der auf einem Stein sitzenden, weiß gekleideten jungen Schauspielerin Nina deklamiert. Dieses »Stück im Stück«, das in der Čechov-Forschung divergent ausgelegt wird, kommt einem seltsamen, widersprüchlichen, lyrischen Traumtheater gleich. Es entspricht einer apokalyptischen, raum-, zeit- und orientierungslosen »Odyssee des Schreckens, einem Abgesang an das Leben schlechthin« (Tigges). Das trostlos-halluzinatorische Endzeitpoem deutet ein neues Paradies in einer entfernten Zukunft ohne Menschen an und lässt eine unpersönliche »Kunstfigur«, die »allgemeine Weltseele« (*общая мировая душа*), auf den als Allegorie des Teufels mit zwei »schrecklichen glutroten Augen« skizzierten Widersacher treffen. Die Motive der Angst, Leere, Stille, Kälte, des

[20] ebd., S. 73. »Čechov steht […] am Wendepunkt vom ‚Wortdrama' des Realismus zum ‚Dingdrama' der Avantgarde und des Absurden Theaters«. – »Čechov war Zeitzeuge der Geburt des Symbolismus in Westeuropa und in Russland, und er nahm sie sehr sensibel, aber auch kritisch wahr.« (S. 74).

[21] Da die Professionalisierung des Theaters erst gegen Ende des 19. Jahrhunderts in Russland begann, waren Liebhaberaufführungen im häuslichen Kreis, besonders auch auf Landgütern, gang und gäbe.

Schweigens und Nichts reflektieren den orientierungslosen *status quo* der sich in das Geistige zurückgezogenen Weltseele, der »nach einem erbitterten brutalen Kampf mit dem Teufel, dem Ursprung aller Kräfte der Materie der Sieg beschieden ist« (Akt 1), um das »Reich der Freiheit« (*царство мировой воли*) zu errichten, nachdem »Geist und Materie in einer Harmonie des Schönen« (*в гармонии прекрасной*) vereint sind. Der undramatische, lyrische Charakter der kaum aufführbaren »Theater-im-Theater«-Szene, abstrakt-mystische Ideen, das Düstere und Unfassbare, die unsichtbare dritte Person des »Protagonisten«, – der Weltseele als Anti- und marionettenhafte Kunstfigur –, diverse symbolische Motive, die Dynamik eines poetischen Stils: All diese experimentellen Züge, die Čechov Treplёv zuschreibt, sind symbolistisch skizziert. Čechov, der sich in seiner Dramenkonzeption vom Realismus und Naturalismus allmählich befreit, sich aber gleichzeitig von den Symbolisten distanziert, bewegt sich »in einem schmalen Grenzbereich zwischen Realismus und Frühsymbolismus.«[22]. Er stellt das Stück in den Kontext des französischsprachigen metaphysischen Theaters von Stéphane Mallarmé (1842–1898) und dem *drame statique* von Maurice Maeterlinck (1862–1949)[23] und greift den russischen Symbolisten der »älteren Generation« um Merežkovskij, Bal'mont, Gippius, Brjusov, Sologub, Annenskij vor. Diese verstanden sich als »Künder und Vermittler geistiger Wirklichkeiten«[24] und betonten in ihrer schwer fassbaren Kunst allgemein »die Transzendenz, das eigentliche Sein«, das geistig-Ideelle, Philosophische, Spirituelle, Mystische. Sie äußerten sich seit 1891 in der monatlich erscheinenden Petersburger Literaturzeitschrift *Severnyj vestnik* (Der nördliche Bote), die Čechov regelmäßig las und in der er auch wiederkehrend seine Werke veröffentlichte.

Das »Stück im Stück« nach dem Vorbild von Shakespeares *Hamlet* wurde – mit Ausnahme vom Arzt Dorn – von den Betrachtern in der *Möwe* und den Zuschauern im Theatersaal während der Premiere in St. Petersburg nicht verstanden. Ninas Monolog von der »Weltseele« – mit dem Begriff »Weltseele«, der auf eine lange ideengeschichtliche Tradition zurückgeht, nimmt Čechov unter

---

22 Kissel (2012), S. 74.

23 vgl. Deppermann (2012) S.52–54; Tigges (2010), S. 207–211. In seinem Aufsatz »Über das Androidentheater« (1881) entwirft Maeterlinck die Bühne als »Tempel des Traums« und »Spielfeld des Symbolischen«, in der Androiden, d. h. Marionetten bzw. Skulpturen, die »Entgegenständlichung« und das geforderte Immaterielle vorwärts treiben sollen. »Jedes große Meisterwerk ist ein Symbol und Symbole ertragen keine aktive menschliche Gegenwart.«

24 Reinhard Lauer. Geschichte der russischen Literatur. Von 1700 bis zur Gegenwart. München 2000, S. 455–456. – Zu der um 1880 geborenen »jüngeren Generation« gehörten unter anderem die herausragenden symbolistischen Vertreter Aleksandr Blok und Andrej Belyj.

anderem auf die Sophiologie des russischen Philosophen Vladimir Solov'ëv Bezug[25] – steht in engem Zusammenhang mit dem Dramenganzen. Das Monodrama untermauert als Allegorie den Zustand eines leeren, unergründbaren Universums und einer dekadenten Gesellschaft, die, wie Dorn am Ende des ersten Akts konstatiert, von einer nervösen Atmosphäre geprägt ist. Der Mensch ist einer unbegreiflichen Welt des Wandels ausgeliefert. Wie auch in den anderen großen Dramen bettet Čechov, der Analytiker des gesellschaftlichen Befindens, seine Figuren in den gesellschaftshistorischen Kontext seiner Zeit ein. Soziale Veränderungen als Folge der industriellen Revolution, die zunehmende Bedeutung von Wirtschaft und Geld aufgrund immer stärker werdender (westlicher) kapitalistischer Wirtschaftseinflüsse, das Zerschlagen der patriarchalischen Ordnung, die anwachsende Relevanz der Naturwissenschaften, das Verstehen von biologischer und sozialer Bedingtheit in einem postdarwinistischen Zeitalter, das Wissen um begrenzte Lebenszeit und Tod sowie das wachsende Misstrauen gegenüber weltanschaulichen – philosophischen, religiösen und ideologischen – Glaubensbekenntnissen beeinflussen die gereizte Stimmungslage der Figuren.

Čechov, der aufmerksam ästhetische Diskussionen in Russland und Europa verfolgte und neuen Sprach- und Kunstformen große Aufmerksamkeit entgegenbrachte, hat Treplëvs Monodrama weder pathetisch noch als schiere, abwertende Parodie auf die Symbolisten aufgefasst, obwohl es mit apokalyptisch-eschatologischen, stilisierten Bildern der zeitgenössischen symbolistischen Literatur zweifellos eine satirische, »komische Wirkung« evoziert.[26] Somit ist die Inszenierung dieser Szene, die von Interpreten wiederholt als schwülstige Parodie dekadenter symbolistischer Kunst ausgelegt wurde, mit dem gebotenen Feingefühl zu gestalten.

Es ist Treplëvs Absicht, durch einen extrem anderen Umgang mit Sprache und Inhalten, mit »neuen Formen« seines visionären Monodramas dem herkömmlichen realistisch-naturalistischen Theater, wie es die Arkadina vertritt, ein symbolistisches Modell entgegenzusetzen. Diese, eine anerkannte Schauspielerin, die ausschließlich in tradierten klassischen Theaterstücken auftritt, fasst den »dekadenten Schwachsinn« ihres Sohnes als »Witz« auf; vehement lehnt sie dessen avantgardistisches Kunstverständnis ab. Auch der unter Schreibzwang stehende, arrivierte Trigorin, der für das Verfassen seiner Werke ruhelos auf der Jagd von verwertbaren, realistischen Motiven in seiner Umwelt ist, um Erwartungshaltungen des Publikums zu erfüllen, versteht Treplëvs Stück nicht; und

---

[25] Kissel (2012), S. 69ff. Čechovs Verwendung der »Weltseele« beruht nach Kissel auch auf Ideen von Plato, der Stoa und Marc Aurel.

[26] ebd., S. 69.

Nina bemängelt das Fehlen von »lebendigen Menschen«, Handlung und Liebe und kritisiert das bloße Deklamieren eines Monologs.

Mit der *Möwe* thematisiert Čechov die Kunstdiskussion seiner Zeit, indem er auf den Zwist zwischen aufbegehrenden, jungen Symbolisten und etablierten »alten« Literaten des Realismus und Naturalismus anspielt. Die beiden Schriftstellerfiguren Treplëv und Trigorin hinterfragen den Status ihrer Profession und schlechthin die Beziehung des Künstlers zu seiner Berufung, indem sie ihre eigene Kunst in Frage stellen (Treplëv: »*Wer bin ich? Was bin ich?*« – Trigorin: »*Ich halte nichts von mir als Schriftsteller.*«*)*. Der erfolgreiche Routinier Trigorin, der sich an literarische Konventionen und die Erwartungshaltung seiner Leser angepasst hat und – wie Čechov – als gehetzter »Sujetsammler« genauer Beobachter seiner Umgebung ist, sieht sich unter Schreibzwang (»*Ich muss schreiben, ich muss schreiben, ich muss ... Kaum habe ich eine Erzählung fertig, muss ich aus irgendeinem Grund die nächste schreiben, dann eine dritte, eine vierte – ich schreibe unentwegt, am laufenden Band, ich kann nicht anders ...*«, Akt 2) Er stößt an seine künstlerischen Grenzen und erkennt nüchtern, dass er trotz literarischer Erfolge nur ein »Landschaftsmaler« ist und sich im Gegensatz zu Tolstoj und Turgenev zur literarischen Bewältigung gesellschaftlicher Prozesse außerstande sieht: »*Ganz nett, talentiert, aber ein Tolstoj ist er eben nicht*« *(*Akt 2). Letztlich manifestiert sich seine literarische Oberflächlichkeit entsprechend in seinen vordergründigen menschlichen Beziehungen; zu Nina sucht er nie eine dauerhafte Beziehung – er benutzt sie als »Sujetvorlage«.

Der ehrgeizige Treplëv will konventionellen literarischen Schablonen entrinnen (Akt 4) und verfolgt ein radikales neues literarisches, avantgardistisches Konzept. Ungeschminkt und selbstgefällig verteufelt er die seichten Boulevardstükke seiner Mutter. Anders als Trigorin ist er bestrebt, nicht Realistisches wiederzugeben, sondern in seiner Ästhetik eigene, idealistische, ja utopische Empfindungen offen zu legen und »*das Leben nicht so darzustellen, wie es ist, auch nicht so, wie es sein soll, sondern so, wie es einem in seinen Träumen erscheint*« (Akt 1). Letztendlich vermag er aber seiner symbolisch aufgestellten Kunst und seiner künstlerischen Berufung keinen überzeugenden Sinn zu geben. Er zweifelt an seiner Schreibfähigkeit und vermag Dorns mahnende Worte, die durchaus einen auktorialen Bezug zu haben scheinen, nicht umzusetzen: »*Sie müssen wissen, wozu Sie schreiben, denn sonst, wenn Sie diesen malerischen Weg ohne bestimmtes Ziel weitergehen, werden Sie sich verirren, und Ihr Talent wird Sie zugrunde richten*« (Akt 1). Obwohl er sich vom äußerlichen Prestige des Künstlers zu befreien sucht, kann er sich von seinem Streben nach künstlerischer

Wertschätzung durch gerade jener traditioneller Kunstkreise, die er in Frage stellt, nicht entbinden. Aus mangelnder Stärke bleibt ihm Ninas Erkenntnis, durch Wagnis und Niederlagen zum Selbstwertgefühl in Kunst und persönlichem Leben zu gelangen, verschlossen, obwohl er gegen Ende des Stücks deutliche Anzeichen einer Einsicht über die Berufung des Schriftstellers reflektiert: »*Ich komme immer mehr zu der Überzeugung, dass es nicht auf alte und nicht auf neue Formen ankommt, sondern darauf, dass der Mensch schreibt, ohne an irgendwelche Formen zu denken, dass er schreibt, weil es frei aus seiner Seele hervorströmt.*« (Akt 4). In Nina, die ihn abweist, sieht Treplëv die fortgesetzte Beziehung zu seiner Mutter als eine starke Persönlichkeit; durch sie erhofft er eine Verschmelzung von persönlichem Glück und künstlerischer Anerkennung.
Beide Schriftsteller, Treplëv und Trigorin, verkörpern zwar Čechovs eigenes Suchen nach einer künstlerischen Orientierung, spiegeln aber insgesamt nicht dessen ästhetischen Standpunkt eindeutig wider; keiner von beiden trägt ausschließlich auktoriale Züge. Zwischen 1887 und 1889 war Čechov, der sich selbst als Repräsentant einer »Zeit der Leere« verstand[27], in einer ästhetischen Krisensituation und suchte Distanz zu sich selbst und seinem Schaffen. Dmitrij Grigorovič, dem Literaturpapst jener Zeit und Čechovs Mentor, bekannte er bereits 1886:

> »Bisher habe ich mich meiner literarischen Arbeit gegenüber äußerst leichtfertig, achtlos und unbesonnen verhalten. […] Wie Reporter ihre Berichte über Brände schreiben, so habe ich meine Erzählungen geschrieben: automatisch, halb unbewusst, ohne mich dabei im Geringsten um den Leser oder um mich selbst zu kümmern. […] Alle Hoffnung liegt in der Zukunft. Ich bin erst 26 Jahre alt. Vielleicht gelingt es mir, irgendetwas zu vollbringen, doch die Zeit fliegt schnell dahin.«

Ein Brief sechs Jahre später – vom 16.6.1892 – an seinen Verleger Suvorin spiegelt Čechovs erneuten Schaffenstiefpunkt wider, in dem Parallelen zu Trigorin (Verurteilen des materiellen Aspekts) und Treplëv (Trennung von Materie und Geist; Sehnen nach reiner Existenz des Geistes) anklingen:

> »Mein Herz sehnt sich nach Weite und Höhe, aber ungewollt muss ich ein Leben in Bedrängnis führen, eines, das auf die gemeinen Rubel und Kopeken hinausläuft. […] Mein Herz ist verkümmert in dem Bewusstsein, dass ich für Geld arbeite und dass im Zentrum meiner Tätigkeit das Geld steht. Dieses jammervolle Gefühl, zusammen mit dem Gerechtigkeitssinn, macht mein Schriftstellern in meinen Augen zu einer verächtlichen Be-

---

[27] Kluge (1995), S. 10.

> schäftigung, ich habe keine Achtung vor dem, was ich schreibe, ich bin schlaff und finde mich langweilig … .«[28]

In der *Möwe*, einem über Theater und Literatur, spielt Čechov mit intertextuellen Versatzstücken, indem er »biographische und epische Splitter in sein dramatisches Werk« transplantiert».[29] Eine Vielzahl von literarischen Anspielungen quer durch das Stück, von epischen Referenzen bis hin zu populären Romanzen und Sprichwörtern, eröffnet eine Fülle von teils nachvollziehbaren, teils zusammenhanglosen und beiläufigen, vielfach geheimnisvollen Dimensionen, deren Dekodierung vor allem den heutigen Rezipienten bisweilen vor Rätsel stellt und die unterschiedliche Interpretationsmöglichkeiten zulassen. Zu seiner Zeit konnte Čechov davon ausgehen, dass die »Literaturimplantate« (Tigges), die der Autor in seinen Folgestücken nie mehr in dieser üppigen Variationsbreite anbrachte, von seinem (meist gebildeten) Publikum halbwegs verstanden wurden. Mehrfach erwähnten Hamlet-Anspielungen und Maupassant-Referenzen kann man ironische und parodistische Züge nicht absprechen, verfolgen aber zunächst Čechovs Experimentierfreude mit neuen undramatischen Verfahren, dem Zusammenspiel von Drama und Prosa bei gleichzeitiger Poetisierung der Sprache, was den Eindruck eines »Lesedramas« ohne theatralische Effekte provoziert.[30] Die intertextuellen, epischen Referenzen, die traditionelle naturalistisch-realistische Strukturen in der *Möwe* zum Schwanken bringen, machen das Stück zu einem symbolistisch nuancierten Drama. Die Shakespearesche Hamlet-Referenz mit ihrer »Spiel-im-Spiel« Kongruenz ist vielfach als Karikatur auf Treplëv verstanden worden. Jedoch bietet sie mit ihren Anspielungen, Zitaten und formalen Ähnlichkeiten auch allegorische Verzahnungen. Für beide, Hamlet und Treplëv, ist die »Zeit aus den Fugen« geraten (*The time is out of joint*). Wie Hamlet seiner Mutter Gertrude den Ehebruch mit dem Onkel anlastet, so ist Treplëv über das Verhältnis seiner Mutter, der Arkadina, zu Trigorin entrüstet. Die Reiseaufzeichnungen *Sur l'eau* (Auf See; 1888) des von Čechov sehr geschätzten französischen Schriftstellers Guy de Maupassant (1850–1893) räumen Analogien auf drei im Drama aufgeworfenen Ebenen ein. Die Themenbereiche der Verführung des Schriftstellers durch eine sich einschmeichelnde Frau, der Abrechnung mit der zeitgenössischen Literatur sowie des Fluchtmotivs – Maupassant floh von dem ihm verhassten Paris nach Florenz – spielen auch in der *Möwe* eine besondere Rolle: die Arkadina umgarnt Trigorin mit all ihren schau-

---

[28] zit. nach Tigges (2010), S. 190–191, Anm. 220.
[29] ebd. S. 190.
[30] ebd., S. 169.

spielerischen Fähigkeiten; Treplëv polemisiert gegen erstarrte Theaterkonventionen; Trigorin erträumt sich die Flucht aus dem Literaturbetrieb und den Rückzug in Einsamkeit und Natur, ein Sehnen, das auch Čechov 1889 artikulierte.[31] Die Referenz auf das Raben-Motiv in Puškins unvollendetem Drama *Rusalka* (Die Nixe, 1829–1832) bereitet Treplëvs Tod »intertextuell« vor. Trigorins Identifikation mit dem tragischen Helden Popriščin aus Gogol's Erzählung *Aufzeichnungen eines Wahnsinnigen* (1835) untermauert den Gemütszustand und die Selbstzweifel des Schriftstellers. Weitere metaphorisch angehauchte, mehrdeutige Allusionen aus dem literarischen Werk von Ibsen (*Die Wildente*, 1884), Dumas, Zola, Maeterlinck, Turgenev[32], Tolstoj, Nikolaj Nekrasov und – last but not least – aus Čechovs eigenen Erzählungen (*Nachbarn*, 1892; *Der Wolf*, 1886) – bereichern als Symbolträger das Drama; es sind vor allem die Prosaeinsprengsel, die die Grenzen der literarischen Genres aufbrechen.[33] Die Vielfalt von literarischen Anspielungen unterstreicht das Wesen der *Möwe* als ein Theaterstück über Kunst.

Die leitmotivisch wiederkehrenden vieldeutigen Symbole der Möwe und des Sees bzw. des Wassers stehen sinnbildlich für Zeit, Schicksal und sind besonders eng mit Nina, Treplëv und Trigorin verbunden. Der See, an dem die Handlung spielt, steht bildlich für Liebe, Ruhe, Sehnsucht, Erinnerung, Schönheit, Unbegrenztheit, ebenso auch für Bedrohung (Akt 4). Dorns Bezeichnung als »Zaubersee« (колдовское озеро, Akt 1) zielt auf die allgemein angespannte sowie erotisch angehauchte Atmosphäre unter den Figuren; Treplëvs Assoziation mit einem vertrockneten See am Ende des Stücks antizipiert sinnbildlich die Lebensenttäuschung und den Tod des jungen Schriftstellers. Die schwärmerische Nina, in der Čechov den jugendlichen, romantisch veranlagten weiblichen Typus vorstellt, vergleicht sich zu Beginn, ihrem Instinkt folgend, mit einer Möwe, dem Symbol der Ungebundenheit und Freiheit, aber auch Elastizität, Widerstandsfähigkeit, Kühnheit, Furchtlosigkeit und Wachsamkeit. Auf der Suche nach Beute, d. h. ihrem Lebenssinn, kreist sie um »die Welt der Künstler, um an ihr teilzunehmen.«[34]. Nina Zarečnaja – ihr sprechender Name, die »jen-

[31] vgl. Brief an L. Leontev-Ščeglov vom 18.2.1889.

[32] Verweise auf Turgenev finden sich wiederholt in der *Möwe*. Čechov spielt unter anderem auf Turgenevs Komödie *Ein Monat auf dem Lande* (1855) an, die aufgrund ihres undramatischen Charakters zunächst auf Ablehnung stieß, die aber wegen der Darstellung von psychologischen Phänomenen als unmittelbarer Wegbereiter von Čechovs Dramatik gilt.

[33] Tigges (2012), S. 423.

[34] Kissel (2012), S. 243. – Die Möwe ist ein beliebtes Motiv in der Weltliteratur (Conrad, Defoe, Melville, C. F. Meyer, Neruda, Stevenson, Updike u.v.m.). 1970 schilderte Richard

seits vom Fluss lebende«, legt dies nahe – assoziiert ihr Leben, ihre Kindheitserinnerungen und Zukunftsträume, mit dem See. Am Schluss, nach persönlichen und beruflichen Schicksalsschlägen (Verlust des Liebhabers Trigorin und des gemeinsamen Kindes; Schauspielerin »dritter Klasse«), nennt sie sich Möwe und unterschreibt Briefe mit diesem Namen. Die Möwe verdeutlicht Ninas Entwicklungsprozess; ihr Lernprozess durch leidvolle Erfahrungen (»*... das Wichtigste ist nicht Ruhm, nicht Glanz, nicht das, wovon ich geträumt hatte, sondern die Fähigkeit zu leiden. Trage dein Kreuz und glaube.*« Akt 4) hat sie wachsen und »zur Wanderin, zur kreisenden Möwe« ohne Dach über dem Kopf werden lassen. Im Gegensatz zu Treplëv, den die Abhängigkeit von der Mutter tötet, erhält die »gefährliche Freiheit« Nina am Leben.[35] Wie Irina in den *Drei Schwestern* und Anja im *Kirschgarten* spricht Čechov Nina als Vertreterin der jüngeren Generation die Funktion des Hoffnungsträgers zu. Ihr Abgang am Ende des Stücks ist symbolischer Natur: Aus Treplëvs »innerem Raum«, seinem Arbeitsbereich im Salon, »eilt sie durch die Glastür hinaus«. Čechov zeigt die Entwicklung aus der anfangs befangenen, träumerischen, realitätsfernen Nina in eine gereiftere junge Frau, die mit dem alten Lebens(t)raum, ihrer Kindheit und ihrem Elternhaus abschließt, um zu neuen Ufern aufzubrechen und ihren eigenen ungewissen Weg als Schauspielerin, jenseits des Bannkreises von Trigorin und Treplëv, zu gehen. Der »zitternde Treplëv«[36] erschießt aus Langeweile, in blinder Wut und aus Eifersucht auf Ninas Begeisterung für Trigorin eine Möwe mit dem Hinweis, dass er sich auf dieselbe Weise töten werde (Akt 2) – eine symbolische Anspielung auf seine Erfolglosigkeit, sein Scheitern, sein Ende. Für Trigorin besitzt die Möwe Objektfunktion: für ihn dient die Möwe als emotionsloses Sujet für ein literarisches Werk. Die Tatsache, dass er sich an das von ihm initiierte Ausstopfen der Möwe am Schluss des Dramas nicht erinnert, weist auf die vordergründige Episodenhaftigkeit seiner Beziehung zu Nina hin.

Čechov hat seine »tragisch schwarz eingefärbte Komödie“ (Tigges), ein richtungsweisendes Stück, das die Kunstproblematik und den Generationenkontrast miteinander verknüpft, minuziös durchgestaltet. Er präsentiert ein Geflecht von orientierungslosen, entwurzelten, einsamen Figuren mit bestimmten Ansichten und Eigenheiten, die ihre interpersonellen Beziehungskonflikte austragen, in ihrer Gedankenwelt in der Vergangenheit bzw. der Zukunft existieren und – aus

---

Bach in seinem Buch *Jonathan Livingston Seagull* die individuelle Lebensweise der Möwe Jonathan. Deren Lebensmotto lautet: »Du kannst erreichen, was du wirklich willst.«

35 ebd., S. 93.

36 Der sprechende Name Treplëv lässt sich vom Verb трепетáть: zittern, beben, flackern, Furcht haben ableiten.

der Distanz – irgendwie komisch wirken. Auf der Suche nach Auswegen aus ihrer Identitätskrise streben sie nach Sinngebung und – anders als in Čechovs anderen Dramen – nach neuen Kunstformen. Dabei handhabt der Autor formale Innovationen: Symbolische Leitmotive, intertextuelle Referenzen und die damit verbundene Aufweichung des Dramatischen durch epische Einschübe, das Theater als Thema, die (symbolische, chronometrische und subjektiv empfundene) Zeit als bedeutsamer Faktor, die Verlagerung der Handlung in Sprache, polyphone, »andersartige“ Kommunikationsprozesse rücken Čechov in die Nähe der Frühsymbolisten und machen ihn zum Vorläufer der Theater-Avantgarde des 20. Jahrhunderts. Er bleibt aber – jenseits des symbolistischen Anklangs – weiterhin scharfsichtiger Beobachter der weltlichen Realität. Der Weiterentwicklung seines dramenästhetischen Entwurfs gilt in der Čechov-Rezeption und Aufführungspraxis nach wie vor eine nicht abklingende Neugier. Neben den renommierten Čechov-Interpreten Peter Stein, Peter Zadek, Rudolf Noelte, Jürgen Gosch, Andrea Breth, Giorgio Strehler, Peter Brook, Otomar Krejča sind es vor allem jüngere Regisseure, wie Stefan Pucher, Falk Richter, Luc Perceval, Luc Bondy, Katharina Thalbach und andere, die sich den Herausforderungen einer aktualisierten, stellenweise eigensinnig-provokanten Interpretation der *Möwe* stellen. Das Stück ist bis heute aktuell und steht weltweit auf den Spielplänen der Theater. Wie der See die Möwe, so zieht die *Möwe* den Menschen an – nicht zuletzt wegen ihres »irgendwie unerklärbaren Geheimnisses“ (Hielscher).